왜 공부 안 하면 안 되나요?

## 왜 공부 안 하면 안 되나요?

**1판 1쇄 펴냄** 2011년 10월 25일
**1판 7쇄 펴냄** 2014년  9월 17일

**지은이**   김지현
**그린이**   천필연
**편집**   박경화, 황설경, 이은영, 유나리
**마케팅**   송만석, 한아름

**펴낸이**   하진석
**펴낸곳**   참돌어린이

**주소**   서울시 마포구 독막로 3길 8
**전화**   02 - 518 - 3919
**팩스**   0505 - 318 - 3919
**이메일**   book@charmdol.com
**신고번호**   제313 - 2011 - 157호
**신고일자**   2011년 5월 30일

**ISBN**   978 - 89 - 967074 - 1 - 7  63710

# 왜 공부 안 하면 안 되나요?

김지현 지음 · 천필연 그림
황준원(강원대학교병원 소아정신과 교수) 감수

참돌어린이

# 공부는 꿈을 이루게 해 주는 요술램프!

**흑연과 다이아몬드,** 이 두 가지 물질은 모두 탄소로 이루어져 있어요. 우리가 쓰는 연필 속에 들어가는 연필심이 바로 흑연이고, 아주 단단하고 빛나며 영원한 사랑을 상징하는 것이 바로 다이아몬드랍니다. 모두 탄소로 이루어진 것인데 왜 이 두 물질은 다른 모습을 하고 있는 걸까요?

바로 탄소 알갱이들이 다른 구조로 연결되어 있기 때문이에요. 두 물질 모두 우리의 삶에 많은 영향을 끼치고 있지만 아무래도 흑연보다는 다이아몬드가 좀 더 값지겠죠? 여러분이 갖고 있는 자질을 어떻게 연결하고 갈고 닦는지에 따라 여러분은 흑연처럼, 다이아몬드처럼 같은 '나'이지만 값어치가 다른 사람이 될 수 있어요.

어떻게 해야 그렇게 될까요? 바로 '공부'가 여러분의 미래를 다이아몬드처럼 반짝반짝 빛나게 만들어 줄 수 있답니다!

"세상에서 공부가 제일 싫어!"

많은 친구들이 공부에 대해 이렇게 생각하고 있을 거예요. 하지만 지금 잠깐 놀고, 잠깐 편하기 위해 공부에 소홀히 한다면 어떻게 될까요? 아마도 여러분의 꿈은 정말 꿈으로 끝나 버릴 거예요. 공부는 비록 할 때에는 힘들고 어려운 일이지만, 미래의 꿈을 위해 지식과 경험을 차곡차곡 저축하는 과정이랍니다.

과학자, 정치가, 선생님, 예술가, 운동선수 등 여러분이 가진 꿈을 이루기 위해서는 하루 생활을 짜임새 있게 갖추고, 미래를 위한 저금처럼 공부해 나가는 자세가 필요해요. 놀고 싶은 걸 참고, 게임하고 싶은 걸 참는 희생은 결코 헛된 것이 아니랍니다.

　'참는 자에게 복이 있다.'라는 말이 있듯이 여러분이 지금 하는 공부는 여러분의 소원을 이루어 줄 거예요!


2011년 가을 언저리에서, 황준원

## 차례

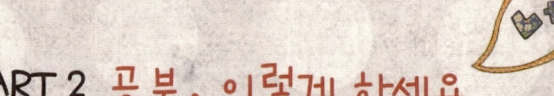

**PART 1**

# 왜
## 공부 안 하면
## 안 되나요?

# 모든 일에는 시기가 있어요

여러분이 매일 먹는 쌀은 어떻게 재배되는지 알고 있나요? 흙에 씨를 뿌리고 물만 주면 자라는 일반 꽃들과는 달라요. 봄부터 가을까지 농부의 땀과 노력으로 길러지는 거예요.

봄은 농부가 가장 바쁘게 움직이는 시기랍니다. 먼저 봄이 시작되는 4월에 못자리를 만들어야 해요. 겨울 내내 얼어 있던 땅을 부드럽게 만들기 위해 논을 한 번 갈아엎은 후에 물을 채워 넣고, 모판에는 잘 골라 둔 볍씨를 심어요. 그리고 모판을 못자리에 가지런히 놓고 부직포나 비닐로 잘 덮어 줍니다.

　5월이 되면 모판에 모가 푸릇푸릇하게 많이 자라나요. 그러면 이 모를 논에 심는데, 이를 바로 '모내기'라고 합니다. 옛날에 기계가 없을 때는 동네 사람들이 모두 함께 줄을 맞춰 모를 하나하나 논에 직접 심었어요. 하지만 요즘은 이양기라는 기계로 쉽게 모를 심을 수 있답니다.

　그다음, 벼가 쑥쑥 자랄 수 있도록 농부들의 정성이 들어가야 해요. 이때부터 농부들의 손길은 더욱 바빠집니다. '김매기'라고 해서 벼가 자라는 데 방해가 되는 잡초들은 뽑아 주어야 해요.

　추수철이 가까워지면 새들과의 전쟁도 한판 벌어집니다. 허수아비도 세우고, 새총도 쏘면서 일 년 내내 고생하며 기른 벼들이 끝까지 잘 자랄 수 있도록 농부들은 바쁘게 움직여요.

　그리고 10월이 되면 농부들이 지켜낸 논에 황금물결이 철렁입니다. 그럼 곧 추수를 시작해요. 결국 우리는 집에서, 학교에서 농부들이 힘들게 길러낸 쌀을 편안하고 맛있게 먹을 수 있어요.

　4월에 못자리를 만들기, 5월에 모내기, 10월에 추수……. 뭔가 느껴

지는 게 없나요? 일 년 동안 벼를 기르는 데도

모두 때가 있다는 거예요. 만약 4월에 못자리를

해야 할 시기를 놓치면 5월에 모내기를 할 수 없어

요. 모내기를 할 수 없으니 당연히 추수도 할 수 없죠.

12월에 못자리를 만들겠다고 볍씨를 심으면 어떻게 될

까요? 아마 전부 얼어 죽고 말 거예요. 시기에 맞춰야 일

년 동안의 농사를 성공적으로 할 수 있는 거예요.

일 년 농사를 제대로 하기 위해 못자리와 모내기를 시

기에 맞춰서 하는 것이 얼마나 중요한지 알았을 거예요.

사람의 인생은 이보다 훨씬 길어요. 대한민국 여자의 평균 수명

은 82.8세, 남자는 76.2세라고 합니다. 평균 수명에 따

른다면 여러분은 앞으로 70년 이상을 더 살아야

한다는 뜻이에요. 아마 여러분이 어른이 되면

의학도 더욱 발달해 평균 수명은 100세가

넘어갈지도 몰라요.

그렇다면 여러분은 앞으로 어떻

게, 무엇을 하며 살아야 할까요? 또 지금 여러분은 무엇을 해야 할 때일까요?

"벼는 계절에 맞춰서 자라는 거니까 시기를 맞춰야 하지만 나는 사람이잖아. 사람인데 무슨 시기가 있어? 난 볍씨도 아닌데?"

이렇게 생각하는 친구도 있겠죠? 하지만 벼가 자라는 데도 시기가 있듯 인생에도 시기가 있어요. 여러분을 나무에 비유한다면 이제 막 세상 빛을 본 새싹이라고 할 수 있어요.

앞으로 여러분이 어떤 열매를 맺을지는 아무도 몰라요. 여러분의 노력에 따라 맛있는 열매를 맺을 수도 있고, 맛없고 비실비실한 열매를 맺을 수도 있어요.

여러분이 나중에 맛있는 열매를 맺기 위해 지금 열심히 해야 될 일은 바로 공부예요. 공부하라는 엄마의 잔소리가 지겹기만 하고, 책을 보면 잠만 오고, 문제집을 풀 때는 너무 어려워서 풀기 싫은 친구들이 많을 거예요. 하지만 참고 재미를 붙이면서 하다 보면 언젠가는 크게 빛을 보는 날이 있을 거예요.

만약 여러분이 덧셈, 뺄셈을 배우지 않았다면 어떻게 됐을까요? 슈

퍼에서 800원짜리 맛있는 음료수를 샀다고 가정해 보세요.

음료수를 사고 천 원을 슈퍼 주인에게 주었어요. 그리고 200원을 돌려받아야 하는데, 덧셈을 하지 못한다면 얼마를 받아야 할지 모를 거예요. 슈퍼 주인은 여러분이 덧셈, 뺄셈을 할 줄 모른다는 것을 악용해 여러분에게 거스름돈을 안 줄 수도 있어요. 많이 알고 배울수록 여러분이 살아가는 데 도움이 된답니다.


'배움'의 때를 놓쳐 다시 학교로 돌아가는 할아버지, 할머니를 주변에서 많이 보았을 거예요. 여러분의 할아버지, 할머니들이 여러분 나이 때였을 때 우리나라는 매우 힘든 시기였어요. 배우는 것보다 먹고 사는 게 급했던 때라 나이 많은 어르신들 중에는 학교를 다니지 못한 분들이 많아요.

'보릿고개'라는 말을 들어본 적이 있나요? 옛날에는 대부분의 사람들이 농사를 지었어요. 일 년 농사를 지어 일 년을 먹고살았는데 5월, 6월쯤 되면 지난 가을에 거두었던 곡식들이 모두 바닥이 나게 됩니다. 그리고 보리는 여물기 전이라 이때를 보릿고개라고 했어요. 보릿

고개 때는 먹을 게 없어 산에 올라가 나무껍질을 벗겨 먹기도 하고, 풀을 뜯어 먹기도 했어요. 그래도 먹을 것이 없어 굶어 죽는 사람도 많았답니다.

할아버지, 할머니가 배움의 시기를 놓치고 열심히 일한 덕분에 우리는 이렇게 먹을 것 걱정하지 않고 잘살 수 있게 되었어요. 이제야 살만 해진 할아버지, 할머니는 배움의 시기를 놓친 것을 안타까워하고, 다시 '배움의 기쁨'을 느끼기 위해 늦은 나이지만 다시 학교에 가는 거랍니다.

여러분이 처음 글자를 읽었을 때를 생각해 보세요. 혼자 동화책을 읽게 됐을 때 기쁘지 않았나요? 1 더하기 1이 2라는 것을 알게 되었을 때 즐겁지 않았나요?

이게 바로 배움의 기쁨입니다. 아마 여러분이 한글을 배우지 않았다면 지금 이 책도 읽을 수 없었을 거예요. 여러분은 지금 이 배움의 기쁨을 한창 누려야 할 시기랍니다.

≪개미와 베짱이≫라는 동화를 한번쯤 읽어 보았을 거예요. 여름

내내 놀고먹은 베짱이와 더운 여름에도 쉬지 않고 땀 흘리며 먹을 것을 모아 둔 개미의 이야기랍니다. 시간이 지나고 겨울이 됐을 때 어떻게 되었나요?

개미는 따뜻한 집 안에서 여름 내내 모아 둔 음식을 먹고, 베짱이는 눈 오는 겨울 날 길거리에 앉아 개미의 집 안을 부러운 듯 쳐다보죠. 이 또한 언제, 무엇을 해야 하는지 모르고 놀기만 한 베짱이가 나중에 크게 혼이 난다는 뜻이에요.

여러분은 개미처럼 살고 싶나요, 베짱이처럼 살고 싶나요?

2

학년이 올라갈수록
힘들어져요

옛날 한 스승이 자신의 두 제자를 불러 말했어요.

"그동안 고생 많았다. 하지만 이제 내 기력이 다해 두 사람 중 한 사람만 제자로 받아들이기로 했다. 내 마음에 쏙 드는 돌탑을 쌓는 사람만 내 제자로 받아드릴 것이니 탑을 한번 쌓아 보도록 해라. 시간은 한 달이다. 그럼 한 달 뒤에 보자꾸나."

두 제자는 고민에 빠졌어요. 스승이 어떤 모양의 탑을 원하는지 알 수 없었어요. 한 제자가 생각했어요.

'스승님이 말하는 탑은 분명 멋지고 아름다운 탑일 거야. 시간은 한 달 주셨지만 빨리 만드는 사람이 능력 있어 보일 거야. 가능한 빨리 멋진 탑을 만들어서 보여 드려야지.'

또 다른 제자는 이렇게 생각했어요.

'한 달이라……. 시간이 너무 촉박한데, 한 달 동안 튼튼한 탑을 만들 수 있을까?'

서로 다른 생각을 한 두 제자는 돌탑을 쌓기 시작했어요.

한 제자는 돌탑 중간 중간을 비워 모양을 내면서 재빠르게 탑을 쌓았어요. 다른 제자는 탑을 튼튼하게 쌓기 위해 차곡차곡 돌을 쌓아 갔습니다.

모양을 만들며 빠르게 탑을 쌓던 제자는 보름도 되지 않아 돌탑을 완성시켰어요. 겉으로 보기에 무척 아름다운 돌탑이었어요.

'스승님이 오시면 보름 동안 이렇게 멋진 탑을 완성했다고 말씀드려야지.'

옆에 다른 제자를 보니 아직 절반도 완성하지 못하고 있었어요. 돌탑을 완성한 제자가 말했어요.

"이봐, 그렇게 차곡차곡 쌓다가 시간 내에 완성하지 못할걸. 그리고 그렇게 엉망진창인 돌탑은 내가 살다 살다 처음 보네."

그러자 땀을 뻘뻘 흘리며 돌탑을 쌓던 제자가 대답했어요.

"자네는 역시 대단하구먼. 어찌 그렇게 아름다운 돌탑을 쌓았는가. 나는 그런 제주가 없어 그냥 튼튼하게 만들고 있다네. 모양은 볼품없지만 꽤 튼튼하다네."

돌탑을 다 쌓은 제자는 "흥!" 하고 콧방귀를 뀌었어요. 그리고 남은 시간 동안 나무 그늘 아래서 놀고먹으며 편하게 시간을 보냈어요.

시간이 흘러 스승과 약속한 시간이 하루 전으로 다가왔어요. 튼튼하게 돌탑을 만들고 싶어 하던 제자는 그제야 겨우 돌탑을 완성시킬 수 있었어요.

"휴~. 이제 다 됐다."

옆에서 지켜보던 다른 제자가 혼자 중얼거렸어요.

"모양이 아주 형편없구먼."

그날 밤이었어요. 갑자기 천둥번개가 치더니 비가 쏟아지기 시작했어요. 나무가 부러질 정도의 바람까지 불었어요. 두 사람은 헐레벌

떡 돌탑으로 뛰어갔습니다.

모양이 아름다웠던 돌탑은 이미 온데간데없이 사라지고 없었어요.

너무 약해서 바람에 무너지고 말았던 것입니다. 한편 한 달 내내 튼튼하게 쌓았던 돌탑은 거친 바람에도 끄떡도 하지 않았어요. 자신의 돌탑이 사라진 것을 본 제자는 그 자리에 주저앉아 밤새워 울고 말았어요.

다음 날, 스승은 약속대로 두 제자가 돌탑을 쌓았는지 보기 위해 두 제자를 만나러 왔어요. 돌탑이 무너진 제자가 스승이 오는 것을 보고 헐레벌떡 달려가 스승을 붙잡고 울며 말했어요.

"스승님, 제가 세상에서 가장 아름다운 돌탑을 쌓았었습니다. 그것도 보름 만에 완성했습니다. 저처럼 그렇게 빨리 아름다운 돌탑을 쌓는 사람은 이 세상에 없을 겁니다. 그런데 어제 내린 비 때문에 모두 무너지고 말았습니다."

스승은 심각한 얼굴로 돌탑을 살펴보았습니다. 한 제자의 돌탑은 형체도 없이 사라져 있었고 다른 제자의 돌탑은 예쁘지는 않지만 번듯하게 서 있었습니다. 스승은 튼튼한 돌탑을 보며 말했습니다.

"중요한 건 겉모습이 아니다. 이 돌탑은 멋있지는 않지만 기초가 튼튼하여 그 어떤 바람에도 흔들리지 않는다. 어떤 일을 하든 중요한 건 꾸준한 노력과 튼튼히 기초를 쌓는 것이다. 너는 가장 기본이라는 기초가 되어 있지 않구나. 내가 받아드릴 제자는 튼튼한 돌탑을 쌓은 사람이다."

우리나라 속담 중에 '공든 탑이 무너지랴.'라는 말이 있어요. 앞에서 본 두 제자의 이야기를 되새겨 보면 이 말이 무슨 뜻인지 알 수 있어요. 한 제자는 겉모양에 치중해 탑의 기초도 제대로 쌓지 않았어요. 결국 탑은 비바람에 무너져 버렸어요.

평소에 숙제도 잘 하지 않고 신나게 놀다가 시험을 하루 이틀 앞두고 벼락공부를 하는 친구들이 있습니다. 이런 친구들은 엉성하게 탑을 쌓은 제자와 비슷하다고 할 수 있어요. 시험 전날의 벼락치기는 기초를 제대로 쌓을 수 없어요. 물론 며칠 밤을 새워 공부해 시험 점수를 잘 받을 수도 있어요. 하지만 이런 습관에 길들여진다면 나중에 매우 힘들어져요.

그리고 학년이 올라갈수록 공부해야 될 양이 많아지기 때문에 이런 방법은 통하지 않아요. 초등학교 2학년까지 영어, 과학을 배우지 않지만 3학년부터는 새로운 과목들을 배우게 돼요. 영어, 과학은 물론이고 도덕, 미술, 체육 등 많은 과목을 배워야 하기 때문에 처음엔 힘들 거예요.

그리고 학년이 올라갈수록 국어, 수학은 물론이고 다른 모든 과목이 매우 어려워진다는 걸 알 수 있을 거예요. 또 중학교에 가게 되면 책도 매우 두꺼워지고 초등학교 때 배운 내용보다 훨씬 더 어려워집니다. 그렇기 때문에 어렸을 때부터 매일매일 기초를 쌓는 것은 정말 중요해요.

처음 한글을 배울 때 무엇부터 배웠나요? 기역, 니은, 디귿……. 아, 야, 어, 여……. 이렇게 자음과 모음부터 배웁니다. 자음과 모음을 알아야 글자를 쓰고, 읽을 수 있어요.

산수를 배울 때도 마찬가지예요. 숫자를 익힌 후에 덧셈, 뺄셈을 배우는 건 덧셈, 뺄셈이 모든 산수의 기초이기 때문이에요. 덧셈, 뺄셈을 할 줄 알아야 곱셈, 나눗셈의 방법도 이해할 수 있는 거랍니다.

이렇게 기초를 우습게 여기고 꾸준히 공부를 해나가지 않으면 공부 자체에 흥미를 잃게 돼요. 아무리 많은 문제를 풀어도 기초가 없으면 그 문제의 답이 나오는 과정을 이해할 수 없으니 공부가 어렵기만 하고 재미가 없어질 거예요.

돼지 저금통에 차곡차곡 100원짜리, 500원짜리 동전을 모으듯이 재미를 붙여 공부해 보세요. 100원, 500원이 모여 목돈이 되듯이 조금씩, 조금씩 쌓은 기초와 실력이 언젠가 여러분에게 큰 도움이 될 날이 올 거예요.

### 3

## 공부가 세상에서 가장 쉬워요

장승수 변호사 아저씨가 쓴 ≪공부가 가장 쉬웠어요≫라는 책이 있어요. 이 책은 몇 년 전에 아주 화제가 되었던 책이랍니다. 장승수 변호사 아저씨는 현재 멋진 변호사로 활동하고 있어요.

하지만 고등학교 때는 어려운 집안 형편 때문에 대학에 갈 생각을 하지 못했어요. 그러다 보니 공부에는 점점 흥미를 잃었고 그저 친구들과 놀기 바빴어요. 그렇게 졸업을 하고 보니 장승수 아저씨는 자기가 할 수 있는 일이 많지 않다는 걸 알게 되었어요. 하지만 한 집안의

장남이었기 때문에 돈을 벌어야 했어요. 굴삭기 조수, 가스 배달, 물수건 배달, 공사장 막노동 등 안 해 본 일이 없었어요.

여러분은 부모님께서 벌어 온 돈으로 편하게 학교를 다니고 공부를 하고 있어서 돈을 버는 게 얼마나 어려운 일인지 아직 잘 모를 거예요. 공부도 하지 않고 다른 방법으로 돈을 쉽게 벌고, 쉽게 성공할 수 있을 거라고 생각하는 친구들도 있어요. 하지만 실제로 여러분이 나중에 어른이 되어 돈을 벌어 보면 '공부가 정말 가장 쉽구나.' 하는 생각을 절로 할 거예요.

장승수 아저씨는 여러 가지 일을 하며 그것을 깨달았어요. 그리고 어느 날, 우연히 친구가 다니는 대학교에 가게 되었어요. 갔다 온 후 눈앞에 멋진 캠퍼스의 모습이 아른거렸고, 대학에 꼭 가야겠다고 마음먹었어요.

그리고 그때부터 막노동을 하며 학원비를 벌었어요. 대학을 가기 위해 열심히 공부했지만 대학에 들어가는 일은 쉽지 않았어요. 하지만 포기하지 않았어요.

그 어떤 일보다 공부가 가장 쉽다는 걸 알았기 때문이에요. 그리고 죽어라 공부에 매달렸어요. 결국 장승수 변호사 아저씨는 고등학교를 졸업하고 6년 만에 서울대에 수석으로 입학하게 되었어요. 그리고 지금은 변호사로 억울한 일을 당한 사람들을 도와주고 있답니다.

사실 '공부가 가장 쉽다'라는 말이 무슨 뜻인지 잘 이해가 되지 않는 친구들이 많을 거예요. 그래도 공부가 하기 싫다는 친구들도 있을 거예요. 좋아요. 그렇다면 공부 말고 성공할 수 있는 방법에는 어떤 것들이 있을까요? 운동, 악기, 미술 등 어떤 한 분야를 뛰어나게 잘한다면 성공할 수 있어요.

하지만 이 길이 쉬울까요? 올림픽 금메달리스트가 꿈인 친구가 있다고 합시다. 올림픽에서 금메달을 따기 위해서는 국가 대표가 되어야 해요. 그런데 국가 대표가 되기 위해서는 어떤 과정을 거쳐야 할까요? 매우 혹독한 훈련 과정을 이겨 내야 해요. 뛰어난 체력은 물론이고 강인한 정신력도 있어야 한답니다.

베이징 올림픽 금메달리스트이자 세계신기록을 세운 장미란 선수는 중학교 3학년 때 처음 역도를 시작했어요. 역도는 자기 몸무게보다 훨씬 더 무거운 바벨을 들어 올리는 아주 힘든 운동이랍니다.

장미란 선수는 처음 운동을 시작할 때, 여자가 역도를 한다는 게 부끄럽다고 생각해 연습을 하다가 도망을 간 적도 있었어요. 하지만 부모님의 설득에 못 이겨 본격적으로 역도를 시작했고, 남들보다 늦게 운동을 시작했지만 장미란 선수는 역도에 남다른 재능을 보였어요.

타고난 재능과 피땀을 흘리며 훈련한 결과가 어우러져 장미란 선수는 세계를 들어 올리고 당당히 금메달리

스트가 되었답니다.

　악기 연주도 마찬가지입니다. 첼리스트 장한나는 여섯 살에 처음 첼로를 배웠어요. 그리고 첼로를 배운 지 1년 만에 국내 콩쿠르에서 우승했고, 열한 살 때에는 국제 첼로 콩쿠르에서 상을 휩쓸었습니다. 연습을 얼마나 했는지 양손의 모양이 다르고 오른손은 휘어지기까지 했어요. 장한나는 첼리스트뿐만 아니라 이제는 지휘자로서 새로운 인생을 살기 위해 구슬땀을 흘리고 있답니다.

　그리고 운동이나 악기를 배운다고 해서 공부를 해야 하지 않는 건 아니에요. 장한나는 첼로는 물론, 공부도 매우 잘했어요. 그래서 우수한 인재들만 들어갈 수 있다는 하버드 대학교에 입학했습니다.

　'첼로를 잘했으니까 음악 관련 학과에 들어갔겠지.'

　이렇게 생각하는 친구들도 있겠지만 장한나는 음악 관련 학과가 아닌 철학과에 입학했어요. 또 벤쿠버 올림픽 금메달리스트 김연아 선수는 유창한 영어 실력으로도 주목을 받는데, 이는 매일 피겨 훈련 시간을 쪼개 영어 공부를 열심히 했기 때문에 가능한 일이었어요.

　공부를 하지 않고 성공할 수도 있겠지만 그럴 가능성은 아주 희박

해요. 특히 요즘엔 운동, 악기뿐만 아니라 연예인이 되어 성공하겠다는 친구들이 많아졌어요. 그런데 춤, 연기, 노래를 잘한다고 연예인으로 성공할 수 있을까요? 서울대 출신인 배우 김태희는 중학교 때 전 과목 100점을 받은 적이 있다고 해요. 또 미국의 콜롬비아 대학을 졸업한 가수 박정현은 우수한 학생들만 가입할 수 있다는 파이베타카타라는 수재클럽에 가입했어요.

공부하는 습관을 들여놔야 연예인이 돼서도 열심히 노력할 수 있어요. 공부를 열심히 해야 한다는 건 1등이 되라는 게 아니라, 최선을 다하라는 뜻입니다. 공부도 게을리 하는 사람이 가수가 되기 위한 노래 공부, 춤 공부를 열심히 할까요?

요즘은 한류 붐으로 우리나라 연예인이 일본이나 대만, 태국 등 다른 나라에 진출을 많이 하고 있어요. 그렇기 때문에 연예인들에게도 일어, 영어는 기본이랍니다. 그러니 연예인이 되겠다고 공부할 필요 없다고 생각하는 건 잘못된 생각이에요.

그리고 한 분야에서 최고가 되기는 매우 어려워요. 남들보다 더 열심히, 더 많은 시간을 연습해야 해요. 잠자는 시간도 줄여 가며 자신

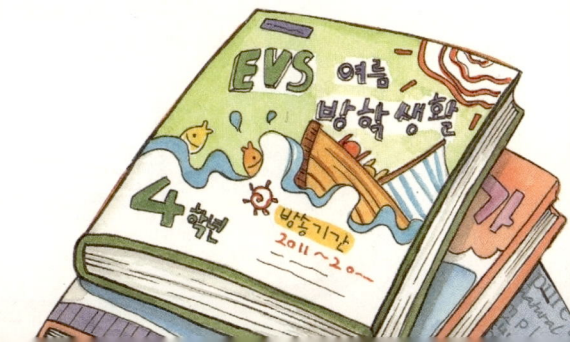

과의 싸움에서 이겨야 해요. 그리고 공부도 기본적으로 해야 합니다.

여러분이 운동을 하든, 악기를 배우든 공부는 기초가 되어야 해요. 그리고 공부는 여러분이 열심히 한 만큼 결과가 나와요. 운동이나 악기는 열심히 한다고 해서 실력이 쑥쑥 올라가지 않아요. 꾸준히 고된 연습을 해야 하고, 어느 정도 재능도 뒷받침되어야 하는 거랍니다.

그렇다고 여러분에게 수험생 언니, 오빠들처럼 공부만 하라는 뜻은 아니에요. 여러분은 공부도 해야 되지만 충분히 뛰어놀아야 할 때이기 때문이에요. 하기 싫은 공부만 하다 보면 스트레스가 쌓여요. 스트레스는 성장 호르몬의 분비를 방해해서 키가 쑥쑥 자라는 데 장애물이 됩니다. 공부를 하면서 놀이로 친구들과 스트레스를 푸세요.

무조건 공부가 싫다고 책과 멀어지면 안 돼요. 하루에 한 시간씩이라도 규칙적으로 공부 습관을 들이는 게 좋아요. 습관이 바로 잡히면 장점이 되지만 나쁜 습관이 생기면 고치기가 쉽지 않아요. 또 여러분이 멋진 미래를 만들어 가는 데 무서운 괴물이 되기도 해요.

공부가 무작정하기 싫을 때, 그냥 놀고만 싶을 때 장승수 변호사 아저씨의 이야기를 떠올려 보세요. 그리고 성공한 운동선수나 음악가들을 떠올리세요. 놀면서 쉽게 성공한 사람들은 아무도 없다는 걸 알게 될 거예요.

그리고 '공부가 가장 쉽다'는 뜻이 무엇인지 되새겨 보면 저절로 공부를 해야겠다는 생각이 들 거예요. 자, 그럼 세상에서 가장 쉬운 공부를 시작해 볼까요?

## 4 좋은 친구를 사귀기 힘들어요

희주는 공부하는 게 세상에서 제일 싫었어요. 수업 시간도 너무 지겨웠어요. 공부보다 게임하는 게 훨씬 재미있었어요. 학교를 왜 다녀야 하는지 아침에 일어날 때마다 학교 가는 길이 답답하기만 했어요. 학교엔 휴대용 게임기를 들고 다니며 틈틈이 게임을 했어요.

그러던 어느 날, 동혁이라는 남학생이 전학을 왔어요. 똑똑하게 생긴 친구여서 희주는 동혁이에게 호감이 생겼어요.

'친해지고 싶은데……. 내 짝꿍이 됐으면 좋겠다.'

하지만 아쉽게도 동혁이는 희주 앞자리에 앉은 민정이의 짝꿍이 되었어요. 민정이가 반 회장이라 학교에 대해 잘 알려 줄 것이라며, 선생님이 동혁이를 민정이의 옆자리에 앉게 한 것이었어요.

쉬는 시간, 아이들은 새로 전학 온 동혁이에게 많은 관심을 보였어요. 어디서 살다 왔는지, 어디 사는지, 이것저것 물어보았어요. 희주도 친구들 사이에 끼어 동혁이에게 물었어요.

"동혁아, 혹시 너도 게임 좋아하니?"

"음……. 난 게임 별로 안 좋아하는데……."

"그럼 뭐 좋아해?"

"난 책 보는 거 좋아해."

그러자 듣고 있던 민정이가 말했어요.

"정말? 나도 책 읽는 거 좋아하는데! 어떤 책이 제일 재미있었어?"

"나《돈키호테》정말 재미있게 읽었어.《셜록 홈즈》도."

"어머! 나도《돈키호테》진짜 재미있게 봤는데! 나랑 똑같다."

희주는 재미있게 읽은 책이 없어서 동혁이와 민정이의 대화에 낄 수가 없었어요.

알고 보니 동혁이는 공부도 잘하는 아이였어요. 며칠 뒤, 수학 쪽지 시험을 보았는데 유일하게 반에서 동혁이만 100점을 맞은 거예요. 희주는 동혁이와 민정이가 하는 말을 몰래 엿들었어요.

"동혁아, 이 문제 어떻게 맞혔어? 난 도저히 못 풀어서 답도 못 썼는데……."

"아, 이 문제 하나 틀렸구나. 나도 이거 푸는 데 시간 꽤 많이 걸렸어. 이 문제 어떻게 푸는 거냐면……."

동혁이가 민정이에게 열심히 문제 푸는 방법

을 가르쳐 주었어요.

그러자 다른 친구들도 동혁이의 설명을 듣기 위해 몰려들었어요. 희주도 은근슬쩍 그 자리에 끼어 보았어요.

하지만 희주는 도저히 동혁이가 무슨 말을 하는지 이해가 되지 않았어요. 희주는 수학 쪽지 시험에서 10점을 맞았어요. 희주도 모르는 문제를 동혁이에게 물어보고 싶었지만 창피해서 도저히 물어볼 수가 없었어요.

그리고 조용히 자기 자리로 돌아와 얼른 쪽지 시험지를 숨겼어요. 희주는 동혁이와 가깝게 지내는 민정이가 부럽기만 했어요. 그리고 늘 동혁이 주변엔 친구들이 몰려 희주가 가까이 가기가 힘들었어요.

어느 날, 선생님께서는 암행어사 박문수와 관련된 책을 읽고 오라는 숙제를 내 주었어요. 희주는 책 읽는 게 정말 싫었어요.

'책 읽는 숙제 정말 싫어. 설마 선생님이 나보고 발표하라고 시키지는 않겠지?'

결국 희주는 책을 읽어 가지 않았어요.

며칠 뒤, 선생님은 반 아이들에게 암행어사 박문수를 읽고 어떤 느낌을 받았는지 이야기해 보라고 발표를 시켰어요. 동혁이가 가장 먼저 손을 들고 발표했어요.

"암행어사 박문수는 조선시대 때 살았던 사람입니다. 암행어사는 임금이 백성들이 어떻게 사는지, 억울함을 당하는 사람은 없는지 알아보기 위해 보내는 선비입니다. 박문수는 거지차림으로 모습을 숨기고 돌아다니다가 백성들이 어려움에 처하면 나타나 도와주었습니다. 저는 이 책을 읽으면서 박문수가 정말 존경스러웠습니다. 그래서 저도 변호사가 되어 힘없고 불쌍한 사람들을 도와주고 싶다는 생각이 들었습니다."

동혁이는 또박또박 차분하게 발표해 친구들의 박수를 받았어요. 희주는 동혁이가 하는 말이 무슨 말인지 제대로 이해하기 힘들었지만 동혁이가 정말 멋져 보였어요.

"동혁이는 변호사가 꿈이구나. 좋아요, 그럼 다음에 누가 발표해 볼까? 그래, 희주 한번 발표해 볼까?"

희주는 깜짝 놀랐어요. 희주는 쭈뼛쭈뼛 일어났지만 결국 제대로 발표하지 못했어요.

"희주야, 책 안 읽어 왔니?"

희주는 친구들이 모두 자기를 비웃으며 쳐다보는 것 같았어요. 뭐라고 대답을 해야 할지 몰라 망설이고 있는데 동혁이와 눈이 마주쳤어요. 희주는 정말 창피했어요. 쥐구멍이라도 있으면 숨고 싶은 심정이었어요.

여러분은 어떤 친구와 친해지고 싶나요? 한 조사에 따르면 새 학기 때 가장 친해지고 싶은 친구는 성격이 좋은 친구와 공부를 잘하는 친구였어요. 반대로 별로 친해지고 싶지 않은 친구는 잘난 척하는 친구와 성격이 못된 친구, 그리고 싸움을 잘하는 친구였고요.

그렇다면 공부를 잘하는 동혁이나 민정이 같은 친구와 친해지려면 어떻게 해야 할까요? '유유상종(類類相從)'이란 사자성어가 있어요. 비슷한 사람들끼리 모인다는 뜻인데, 동혁이 같은 아이와 친구가 되고 싶다면 나도 그 친구가 좋아하는 책 읽기를 함께해야 해요.

희주가 게임을 좋아하지 않는 동혁이에게 자꾸 게임 이야기를 한다면 동혁이가 관심 있어 할까요? 오히려 사이가 점점 멀어질 거예요. 서로에게 공통점이 없기 때문에 할 이야기도 없고, 말이 통하지 않기 때문이에요.

그리고 희주처럼 게임을 좋아해서 공부는 하지 않고, 게임만 한다면 게임을 좋아하는 친구들만 주변에 몰린답니다. 그렇게 되면 자연스럽게 공부와도 점점 멀어질 거예요.

희주처럼 공부에는 전혀 관심이 없고 가장 기본적인 숙제도 안 한다면 학년이 올라갈수록 공부를 잘하고 똑똑한 친구들과의 대화에 낄 수 없을 거예요. 선생님이 발표를 시켜도 동혁이처럼 또박또박 발표할 수 없어요. 어른이 될수록 점점 더 다른 사람과 대화하기도 힘들어지고 소외감이 생길지도 모른답니다.

우리나라 속담에 '친구 따라 강남 간다.'라는 말이 있어요. 나는 하고 싶지 않아도 친구에게 이끌려 덩달아 같이 하게 된다는 말인데, 내 주변에 어떤 친구가 있느냐에 따라 영향을 받는다는 뜻입니다.

그렇기 때문에 주변에 좋은 친구들을 많이 두어야 나쁜 길로 빠지지 않을 수 있어요. 여기서 말하는 좋은 친구란 내게 긍정적인 영향을 끼치는 친구예요. 공부를 할 수 있도록 독려해 주고, 함께 꿈을 키워 나가는 친구가 바로 좋은 친구랍니다.

좋은 친구와 멀어지지 않으려면 나부터 바뀌어야 해요. 공부를 열심히 하고, 책을 많이 읽어서, 친구들이 모르는 것에 대해 친절하게 설명해 준다면 저절로 좋은 친구들이 여러분 주변에 몰려들 거예요. 자, 그럼 지금부터 공부 계획을 세워 보세요.

# 5 나중에 후회하게 돼요

시험을 보고 나면 여러분은 무슨 생각이 가장 먼저 드나요?

'아, 공부 좀 할걸……'

아마 대부분의 친구들이 이렇게 생각할 거예요. 어른들도 마찬가지예요. 어른들도 어렸을 때 공부를 열심히 하지 않은 것을 가장 후회해요. 공부를 열심히 한다면 무엇이 달라질까요?

영준이는 고등학교를 다닐 때 공부의 중요성을 느끼지 못했어요.

늘 수업 시간에 엎드려 자거나 낙서를 하면서 수업을 듣지 않았어요. 친하게 지내던 태준이는 고등학교 3학년이 되자 대학에 가겠다고 했어요. 태준이는 학교가 끝나면 학원에 가거나, 늦게까지 학교에 남아 공부를 하느라 하루하루를 정신없이 보냈어요. 영준이는 그런 태준이가 마음에 들지 않았어요.

"야, 우리처럼 만날 반에서 꼴찌나 하고 그랬던 애들이 공부하면 뭐가 좀 달라지냐?"

"영준아, 너도 그러지 말고 공부해 봐. 정말 신기하게 성적이 조금씩 오른다니까. 나 어렸을 때 꿈이 중학교 국어 선생님 되는 거였거든. 엄마가 대체 너 나중에 졸업하고 뭐하고 살 거냐고, 나중에 후회하지 말고 지금 엄마 말 들으라고 그러는 거야. 그 말 들으니까 진짜 공부하고 싶단 생각이 들더라고. 지금이라도 열심히 해서 꼭 선생님 될 거야."

영준이는 태준이의 말에 콧방귀를 뀌었어요.

"네가 선생님이 된다고? 웃기고 있네."

태준이는 공부에 기초가 없어 힘이 들었지만 포기하지 않았어요.

코피를 흘려가며 열심히 공부한 태준이는 결국 한 대학교의 국어국문학과에 입학할 수 있었어요. 하지만 영준이는 대학을 포기하고 고등학교를 졸업하자마자 아르바이트를 시작했어요.

그리고 10년이 흘렀습니다. 영준이와 태준이는 고등학교 동창회를 한다는 편지를 받았어요. 태준이는 오랜만에 친구들을 만난다는 생각에 설레었어요. 그리고 기쁜 마음으로 동창회에 나가야겠다고 마음먹었어요.

한편 영준이는 편지를 받고 동창회에 나가야 할지 말아야 할지 고민이 되었어요. 하지만 친구들 소식도 궁금했고, 친하게 지내던 태준이가 어떻게 변했을지 보고 싶기도 했어요. 영준이도 동창회에 나가야겠다고 결심했어요.

며칠 뒤, 영준이는 동창회 약속 장소로 향했어요. 몇몇 아는 얼굴이 보였지만 선뜻 다가가 인사를 하지 못했어요. 그 친구들에 비해 자기의 모습이 너무 초라해 보였기 때문이에요.

집으로 돌아가야 하나 망설이던 찰라, 뒤에서 누군가가 영준이의 이름을 불렀어요.

"너 영준이 아니야?"

멋진 차림을 한 남자였어요. 영준이는 누군지 알아보지 못했어요.

"누구세요? 저를 아세요?"

"영준이 맞네! 나야, 태준이!"

"뭐? 태준이? 네가 태준이라고?"

태준이는 정말 멋진 모습이었어요.

"영준아, 정말 오랜만이다. 고등학교 졸업하고 딱 10년 만에 만나네. 다들 네 연락처는 모른다고 해서 연락을 못 했어. 그동안 어떻게 지냈어?"

영준이는 평범하게 입은 자신의 옷차림이 조금 부끄러웠어요. 또 변변찮은 직업이 없어 아직 직장을 알아보고 다니는 중이라 뭐라 대답을 해야 할지 망설였어요.

"나야, 뭐……. 그냥 늘 똑같지. 그냥 이것저것 알아보고 다니고 있어. 근데 너 정말 멋있어졌구나. 넌 요새 뭐해? 대학 갔다는 얘긴 들었는데……."

"아, 대학 졸업하고 시험 봐서 중학교 선생님 됐어."

"네가 선생님이 됐다고? 국어 선생님 하고 싶다고 하더니 정말 해 냈구나."

"나 공부 엄청 안 했었잖아. 대학 가려고 정말 열심히 했어. 근데 산 너머 산이라고 선생님 되기는 또 어찌나 힘든지……. 시험 합격 발표 날 합격한 거 알고 정말 펑펑 울었어."

태준이는 자신이 그동안 얼마나 열심히 살았는지 이야기했어요. 다른 친구들도 마찬가지였어요. 공부를 열심히 하던 친구들 모두 자신의 꿈을 하나하나 이루며 앞으로 나아가고 있었어요.

그런 모습을 보니 영준이는 자신의 모습이 한없이 초라하기만 했어요.

'도대체 난 그동안 뭘 한 걸까?'

영준이는 학교 다닐 때 공부를 하지 않은 자신이 미웠고, 자신의 인생이 후회스러웠어요.

'그때 태준이 말처럼 공부를 했다면 지금 이런 모습으로 살고 있지 않을 텐데…….'

영준이가 태준이를 따라 열심히 공부했다면 어떤 모습으로 동창회에 나갔을까요? 최선을 다해 공부했다면 앞의 이야기처럼 친구들 앞에서 부끄러워하지 않았을 거예요. 앞으로 10년, 20년이 또 지나면 영준이와 태준이는 어떻게 변할까요?

여러분에게 매일 늦게까지 공부를 해야 된다는 말이 아니에요. 여러분은 아직 대학에 입학하려면 멀었어요. 지금은 기초를 쌓아야 할 때이고 공부 습관을 들여야 할 때랍니다. 무작정 공부를 하는 건 오히려 나쁜 영향을 미칠 수 있어요.

또 꼭 1등을 해야 하는 것도 아니에요. 1등을 하면 좋겠지만 모든 사람이 1등을 할 수 없어요. 할 수 있는 데까지 최선을 다하는 것이 중요해요. 이런 친구는 나중에 커서 어떤 직업을 갖게 되더라도 최선을 다하게 되고, 자신의 꿈을 위해 최선의 노력을 다한답니다.

그렇다면 기초는 어떻게 쌓아야 할까요? 공부 습관은 어떻게 들여야 할까요? 가장 쉬운 건 책과 가까이 지내는 거예요. '책 속에 길이 있다.'라는 말을 한 번쯤 들어봤을 거예요. 책을 읽다 보면 다양한 경험을 할 수 있고 그 속에서 많은 걸 얻을 수 있어요.

우리가 직접 경험하는 데는 한계가 있답니

다. 비행기를 타고 전 세계를 돌아다니

며 각 나라의 문화를 체험한다는

건 거의 불가능한 일이고, 타임머신을 타고 과거로 돌아가 우리 조상들이 어떻게 살았는지 보는 것도 불가능한 일이에요. 하지만 책에서는 불가능한 일들을 이룰 수 있어요.

각 나라의 문화를 쉽게 설명한 책들이 많이 나와 있어요. 고려시대, 삼국시대, 조선시대 등 우리 조상들이 어떻게 살아왔는지 책을 통해 알 수 있어요.

또 여러분이 어려워하는 영어나 과학 이야기도 쉽고 재미있게 읽을 수 있지요. 그리고 지금은 보고 싶어도 볼 수 없는 훌륭한 위인들과도 만날 수 있어요. 아인슈타인, 유관순, 방정환, 베토벤 등 정말 다양한 위인들의 일생과 업적을 보고 느낄 수 있답니다.

한 권의 책을 끝까지 다 읽는 것은 끈기가 필요한 일이에요. 이렇게 한 권, 한 권 읽어 나가다 보면 나도 모르게 책 읽는 습관과 공부하는 습관을 기를 수 있어요.

책을 읽는 것과 공부를 하는 것은 다르지 않아요. 책을 읽다 보면 아는 것이 많아지기 때문에 여러분이 모르는 사이에 공부의 기초가 다져진답니다.

학년이 올라가면 올라갈수록 학교 공부 때문에 책을 읽을 시간이 많지 않아요. 그러니 여러분도 영준이처럼 나중에 후회하지 말고 지금부터 꾸준히 기초를 쌓고, 책을 읽으며 즐겁게 공부하도록 하세요.

# 6 꿈을 이룰 수 없어요

　한 시골집 처마 밑에 제비 둥지가 지어졌어요. 어미 제비는 그 둥지에 세 개의 알을 낳았어요. 그리고 새끼가 태어나길 바라며 밤낮으로 알을 품었어요. 어미의 정성으로 세 개의 알 중 두 개의 알이 부화되었어요.

　새끼 제비들은 눈도 제대로 뜨지 않고 배고프다며 짹짹거렸어요. 그리고 어미 제비는 새끼들을 위해 이리저리 먹이를 구하러 날아다녔어요.

어미 제비는 쉴 틈도 없이 먹이를 구하는 대로 새끼들의 입 속에 넣어 주었어요. 새끼 제비들은 서로 먹겠다고 매일 다퉜어요.

"비켜! 내가 먹을 거야!"

"형은 아까 먹었잖아."

"이 녀석들, 먹을 건 얼마든지 구해 줄 테니 싸우지 말거라."

어미 제비는 금방 먹이를 구해 가져다주었어요.

이렇게 어미 제비의 사랑으로 새끼 제비들은 쑥쑥 자라났어요. 어느덧 둘째 제비가 둥지에서 날갯짓도 제법 하며 날 준비를 하고 있었어요. 그러자 그 모습을 보던 첫째 제비가 말했어요.

"왜 벌써부터 정신없게 날개를 퍼덕이고 난리야? 먼지 나잖아. 가만히 좀 있어."

그러자 둘째 제비가 들뜬 목소리로 말했어요.

"형, 엄마처럼 빨리 날아 보고 싶지 않아? 난 빨리 엄마처럼 저렇게 자유롭게 날았으면 좋겠어. 저 하늘 높이 올라가서 지구가 어떤 모습인지 보고 싶고, 엄마가 예쁘다던 바다도 보고 싶어."

"그게 뭐가 보고 싶어? 난 그냥 엄마가 가져다주는 먹이만 먹고 살았으면 좋겠다. 나는 연습이고 뭐고 다 귀찮아."

"난 빨리 나는 게 소원이야."

이렇게 말하며 둘째 제비는 열심히 날갯짓 연습을 했어요. 멋지게 나는 자신의 모습을 꿈꾸며 연습을 게을리 하지 않았어요.

그러는 사이 어미 제비가 가져다주는 먹이는 모두 첫째 제비의 몫이 되었어요. 둘째 제비의 먹이까지 다 받아먹던 첫째 제비는 점점 살이 올라 날이 갈수록 뚱뚱해졌어요.

반면 둘째 제비는 매일 열심히 나는 연습을 했어요. 하지만 무서워서인지 둥지 밖을 나갈 엄두를 내지 못했어요.


그러던 어느 날이었어요. 어미 제비는 멀리 먹이를 구하러 나가고 없었어요. 그런데 뱀 한 마리가 입맛을 다시면서 제비 형제를 향해 천천히 올라오고 있었어요. 둘째 제비가 나는 연습을 하다가 뱀을 보고 깜짝 놀랐어요.

"형! 형! 저기 봐! 뱀이야, 뱀!"

"뭐라고? 뱀?"

"형, 어떡하지?"

두 형제는 찍찍거리며 어미 제비를 찾았지만 어미 제비는 너무 멀리 먹이를 구하러 갔는지 돌아오지 않았어요.

"아, 큰일 났다!"

두 제비 형제가 발을 동동 구르고 있는 사이 뱀은 점점 더 다가오고 있었어요. 둘째 제비는 날아야겠다고 생각했어요.

"형, 아무래도 우리가 다른 곳으로 도망가야 될 것 같아."

"뭐? 어떻게?"

"저기 둥지 반대편에 나무 있잖아. 우리 저리로 날아가자. 저리로 가면 살 수 있을 거야."

"뭐? 난 나는 연습해 본 적도 없어!"

뱀이 둥지에 거의 다다랐어요.

"흐흐흐, 이 녀석들! 통통한 게 아주 맛있겠구나! 며칠 굶어서 배가 고팠는데 잘됐다!"

"으악! 안 되겠다!"

둘째 제비는 날개를 쫙 폈어요. 그리고 둥지를 뛰어내리며 힘차게

날갯짓을 했어요. 바닥으로 떨어지는가 싶더
니 금세 중심을 잡고 날기 시작했어요. 둘째 제비는 재
빨리 건너편 나무로 날아갔어요. 첫 비행이라 무서웠지만 그동
안 연습을 열심히 했기 때문에 무사히 날 수 있었어요.

하지만 첫째 제비는 몸도 뚱뚱해져 아무리 날개를 흔들어도 날 수
없었어요. 결국 첫째 제비는 뱀의 먹이가 되어 버리고 말았어요.

첫째 제비와 둘째 제비의 차이점은 무엇인가요? 두 마리 제비 모두
날개가 있기 때문에 날 수 있어요. 하지만 첫째 제비는 꿈도 없이 하
루하루 보내다가 결국 제대로 날아 보지도 못하고 뱀의 먹이가 되어
버리고 말았어요.

여러분의 꿈은 무엇인가요? 의사, 과학자, 선생님, 비행기 조종사,

사업가 등등 각자 자신의 미래의 모습을 그려 본 적이 있을 거예요. 여러분이 가지고 있는 꿈을 이루기 위해서 무엇을 해야 하는지 생각해 본 적이 있나요? 여러분이 어떤 꿈을 꾸든 그 꿈을 이루기 위해서는 공부를 해야 해요.

그런데 혹시 꿈이 없다고 말하는 친구가 있을지도 몰라요. '꿈을 꾸어라. 꿈이 없는 사람은 아무런 생명력도 없는 인형과 같다.'라는 말이 있어요. 무슨 꿈이든 계속 생각하고 이루기 위해 노력한다면 결국 여러분은 꿈과 닮아 가고 있을 거예요.


미국에서 꿈과 목표에 대해 실험을 한 적이 있어요. 미국 예일대 졸업생들에게 꿈과 목표를 가지고 있냐고 물었어요. 3%의 학생은 구체적인 목표를 가지고 있는 것은 물론이고 그 목표를 글로 자세히 적어 놓았다고 했어요. 10%의 학생들은 글로 적지는 않았지만 명확하게 자신의 꿈을 가지고 있었어요. 그리고 60%의 학생들은 간단하게 목표를 가지고 있었고, 나머지 27%는 별다른 꿈이 없다고 대답했어요.

이들은 어떻게 달라졌을까요? 20년 후, 이 실험에 참가한 학생들을 찾아가 보았어요. 별다른 꿈이 없는 27%의 학생들은 어렵게 살고 있었고, 간단한 목표를 가진 60%의 학생들은 보통 사람들처럼 평범하게 살고 있었어요. 명확하게 자신의 꿈을 가진 10%의 학생들은 자신의 꿈을 이루고 돈도 많이 벌면서 안정적인 삶을 살고 있었어요.

그렇다면 자신의 꿈을 글로 적어 놓은 3%의 학생들은 어떻게 살아가고 있었을까요? 이 3%의 학생들은 97%의 학생들이 버는 돈보다 훨씬 더 많은 돈을 벌며 사회적으로도 아주 성공한 인생을 살고 있었어요.

이렇게 목표가 있는 사람과 없는 사람의 인생은 다르답니다. 그러니 여러분도 꿈이 없다고 하루하루를 그냥 보내지 마세요. 성공한 위인들 중에 꿈과 목표 없이 살아온 사람은 한 명도 없어요.

지금까지 꿈이 없었다면 내가 잘하는 게 무엇인지, 그 일로 어른이 되었을 때 무엇을 할 수 있는지 생각해 보세요. 꿈이 없는 것만큼 불행한 것은 없어요. 그러니 지금 당장 꿈을 생각하고 미래를 상상해 보세요. 왜 공부를 안 하면 안 되는지 알겠죠?

**PART 2**

# "공부,"
## 이렇게 하세요

왜 공부하기 싫은가요?

# 공부해도 성적이 안 올라요

기말고사를 앞둔 수진이는 걱정이 태산이었어요. 논술 학원, 영어 학원, 수학 학원 등을 다니며 열심히 공부했지만 성적은 늘 제자리였기 때문이에요.

수진이는 학교 수업을 마치고 바로 학원으로 가기 바빴어요. 가장 친한 친구 세정이가 수진이에게 말했어요.

"수진아, 오늘 우리 집에서 공부 안 할래?"

세정이는 따로 학원을 다니지 않는데도 늘 성적이 좋았어요. 그래서 그런지 수진이는 세정이가 은근히 얄미웠어요.

"학원 가야 돼서 안 될 것 같아."

"그래? 그럼 토요일 날 학교 끝나고 같이 도서관 안 갈래?"

"토요일? 나 그날 학원에서 보충 수업 있어서 그날도 안 될 것 같은데? 미안. 나 학원 시간 늦어서 먼저 가 볼게."

수진이는 급하게 학원으로 뛰어갔어요. 이번에는 꼭 세정이를 이기고 싶었어요.

'이번 시험에서는 꼭 세정이 이겨야지! 성적도 올리고 부모님께 칭찬도 받을 거야!'

수진이는 학원에서 열심히 공부를 하고 밤늦게 집으로 돌아와 학교 숙제와 학원 숙제를 했어요.

시간은 벌써 새벽 1시가 지나고 있었어요. 수진이는 기지개를 쭉 폈어요.

"너무 졸리다."

수진이는 너무 피곤해 제대로 씻지도 못하고 잠들고 말았어요.

다음 날, 수진이는 학교에서 꾸벅꾸벅 졸기 시작했어요. 수진이는 졸다가 세정이를 보았어요. 세정이는 말똥말똥한 눈으로 열심히 수업을 들으며 선생님 말씀을 받아 적고 있었어요.

수진이는 그런 세정이를 보며 졸음을 이겨 보려고 했지만 눈꺼풀은 자꾸 감기기만 했어요.

"수진아, 졸지 말고 나와서 이 문제 풀어 볼까?"

수진이는 깜짝 놀라 앞으로 나갔어요. 문제를 풀어 보려고 했지만 잘 풀리지 않았어요. 학원에서 배운 것 같은데 공식이 생각나지 않았어요.

"모르겠어? 모르면 선생님 설명을 잘 들어야지, 아까부터 왜 그렇게 졸고 있니? 다음 주가 시험인데 수업 시간에 잘 들어야지. 또 졸면 안 돼. 알았지?"

"네……."

수진이는 친구들 앞에서 망신을 당한 것 같아 창피해서 숨고 싶었어요.

"수진이 자리로 들어가고, 그럼 이 문제 누가 풀어 볼까? 세정이가 한번 나와서 풀어 볼까?"

세정이는 망설이지 않고 앞으로 나가 쉽게 문제를 풀었어요. 수진이는 그런 세정이가 너무 얄밉고 미웠어요.

일주일 뒤, 드디어 기말고사가 하루 앞으로 다가왔어요. 수진이는 시험공부를 하느라 밤을 새우고 말았어요. 그리고 아침 일찍 학교로 향했어요. 머릿속에서 '삐' 소리가 나는 것처럼 정신이 없었어요.

'세정이는 공부 많이 했을까?'

학교에 도착해 수진이는 세정이를 살펴보았어요. 친구들이 모르는 문제를 가져가 세정이에게 물어보고 있었어요. 세정이는 열심히 친구들에게 설명해 주고 있었어요.

종이 울리고 드디어 1교시 시험이 시작되었어요. 선생님이 들어와 시험지를 나누어 주었어요. 그런데 수진이는 시험에 집중이 되지 않고 자꾸 잡생각만 떠올랐어요.

'이번에도 세정이보다 점수가 낮으면 어떡하지? 아, 그런데 자꾸 잠이 오네……. 어제 괜히 밤새웠나 봐.'

결국 수진이는 시험 시간 내내 제대로 집중을 하지 못했어요. 몽롱

한 정신으로 시험을 보았고 시험 시간이 끝이 났어요. 수진이는 자신의 실력을 충분히 발휘하지 못한 것 같아 속상했어요.

　며칠 뒤, 시험 성적이 나왔어요. 이번에도 역시 1등은 세정이었어요. 수진이는 세정이보다 학원도 많이 다니고 밤까지 새워 가며 공부했지만 세정이보다 성적이 잘 나온 적이 없었어요. 수진이는 늘 1등

을 하는 세정이가 부럽기도 하고 밉기도 했어요.

'공부는 내가 훨씬 많이 한 것 같은데 왜 만날 세정이가 1등을 하는 거지?'

수진이는 의아한 생각이 들었어요. 성적이 잘 안 나오니 수진이는 공부도 점점 하기 싫어졌어요.

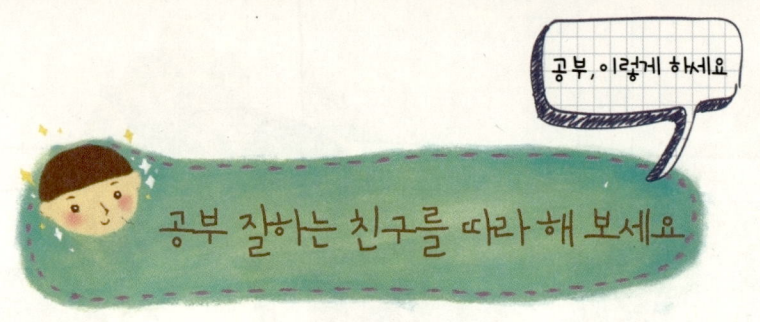

# 공부 잘하는 친구를 따라 해 보세요

수진이처럼 열심히 늦게까지 공부하는데 성적은 잘 오르지 않는 친구들이 있어요. 이 친구들의 문제점은 무엇일까요?

학원 공부를 너무 믿다 보니 학교 수업은 잘 듣지 않는다는 거예요. 이런 친구들의 특징은 늦게까지 학원에서 공부를 하다가 집에 돌아와 집에서 학교 숙제, 학원 숙제를 합니다. 그러다 보면 수면 시간이 부족해 다음 날 학교에서 졸게 돼요.

수업 시간에 졸면서 '부족한 공부는 학원에서 하면 돼.'라고 생각하는 친구들이 있어요. 하지만 학교 수업은 매우 중요해요.

높은 성적을 유지하고 명문 고등학교, 명문 대학교에 가는 언니, 오빠들이 늘 하는 말이 무엇인지 알고 있나요? 바로 수업 시간에 졸지 않고 선생님의 말씀을 집중해 귀담아들으라는 것이었어요.

주변에 공부 잘하는 친구들을 한번 직접 살펴보세요. 아마도 수업 시간만큼은 눈을 동그랗게 뜨고 집중하는 모습을 볼 수 있을 거예요. 수업 시간에 졸지 않기 위해선 먼저 일찍 자고, 일찍 일어나는 습관을 들여야 해요. 그리고 수업 시간에는 바른 자세로 선생님 말씀에 집중하도록 하세요. 수업 시간에 졸지 않더라도 다른 생각을 한다면 아무 소용이 없어요.

그리고 열심히 공부하고, 수업 시간에도 집중해서 선생님 말씀을 듣는데 성적이 올라가지 않는다면 여러분의 공부 방법을 확인해 볼 필요가 있어요. 공부를 많이 하지 않는 것 같은데 성적이 좋은 친구들의 모습을 눈여겨보세요. 노트 필기는 어떻게 하는지, 쉬는 시간에는 무엇을 하고 있는지 살펴보면 공부 잘하는 비법을 배울 수 있을 거예요.

공부하는 방법을 베끼는 게 아니에요. 훌륭한 CEO들이 회사를 경영할 때 사용하는 경영 방법 중에 '벤치마킹(benchmarking)'이라는 것이 있어요. 벤치마킹이란 우수한 성과를 낸 기업의 경영 방법을 빌려와 자기만의 새로운 방법으로 만들어 회사를 경영하는 것이랍니다.

이렇게 하면 더 훌륭한 경영 방법을 만들 수도 있고 다른 기업들과의 경쟁에서 이길 수도 있답니다.

여러분도 이러한 '벤치마킹' 기법으로 공부 잘하는 친구들을 관찰해 보세요. 중요한 것은 무조건 따라 하는 것이 아니라 친구의 공부법을 보고 나에게 맞게끔 고치는 것이에요.

왜 공부하기
싫은가요?

# 공부는 재미가 없어요

준서는 학교가 끝나고 친구들과 어울려 신나게 축구를 하다가 집으로 돌아왔어요. 그리고 집에 오자마자 씻지도 않고 텔레비전부터 틀었어요. 텔레비전에서는 준서가 좋아하는 만화 영화가 방영되고 있었어요.

"숙제하면서 봐야겠다."

준서는 텔레비전에서 눈을 떼지 않고 책가방에서 책과 공책, 필통을 꺼냈어요. 그러고는 책만 꺼내 놓고 텔레비전을 보았어요. 어느새 만화 영화가 끝이 났고, 한 시간이 지나가 버리고 말았어요.

"아! 오늘 숙제 엄청 많은데! 숙제 안 해 놓으면 엄마한테 혼날 텐데……"

준서는 시계를 보고 얼른 숙제를 해야겠다고 생각하고 책을 펼쳤어요. 하지만 준서는 숙제하는 게 너무 싫었어요.

"진짜 하기 싫다. 재미없어. 만화처럼 재미있는 것만 봤으면 좋겠다."

그런데 이번에는 텔레비전에서 준서가 좋아하는 만화를 재방송해 주었어요.

"어! 이거 어제 못 본 건데!"

준서는 또다시 텔레비전 속으로 빠져들었어요.

"으하하! 완전 재미있다!"

준서는 텔레비전 앞에 엎드려서 책을 펴 놓고 만화를 보며 수학 숙제를 하려고 했어요. 하지만 평소 수학을 싫어해서 그런지 준서는 숫자를 보니 머리가 아팠어요.

게다가 만화를 보느라 집중이 되지 않아 숙제를 할 수 없었어요. 문제를 풀려고 하다가 고개를 들어 텔레비전을 보고, 텔레비전을 보다 문제를 풀려고 하니 도저히 풀 수가 없었던 거예요.

어느새 엄마가 회사에서 퇴근을 하고 집으로 돌아왔어요. 그 시간까지 준서는 만화에 빠져 거실에서 뒹굴고 있었어요. 거실엔 준서가 펼쳐 놓은 교과서, 공책, 연습장, 연필 등이 어지럽게 널브러져 있었어요.

준서는 만화를 보느라 엄마에게 대충 인사를 하는 둥 마는 둥 했어요. 엄마는 어지럽혀 있는 거실을 보고 준서에게 물었어요.

"준서야, 숙제는 다하고 만화 보는 거니?"

"아니요, 이제 해야 돼요. 이것만 보고 할게요."

"학교 갔다 오자마자 이러고 있었던 거니? 텔레비전 보면서 공부
하는 사람이 어디 있어? 빨리 거실 정리하고 방으로 들어가서 숙제
해. 얼른!"

준서는 아쉽다는 듯 텔레비전에서 눈을 떼지 못한 채 거실에 널브
러진 책과 공책을 주워 들고 방으로 들어갔어요. 책상 위에 책과 공
책을 펼치고 숙제를 하려고 했지만 아까 보던 만화가 눈앞에서 아른
거리는 것 같았어요. 마음을 다잡고 숙제를 하려고 했지만 집중이 되
지 않았어요.

"아, 공부 완전 재미없어!"

준서는 한 문제 풀고 연필을 깎고, 한 문제 풀고 화장실을 다녀왔어
요. 또 엎드려서 문제를 풀다가 일어나 두리번거리더니 이번에는 책
장에 꽂혀 있는 만화책을 꺼내 침대에 누웠어요.

준서는 한참을 킥킥거리며 만화책을 보았어요. 얼마 뒤 엄마가 준
서의 방으로 들어왔어요.

"준서야, 또 숙제 안 하고 만화책 보고 있는 거야? 엄마가 숙제 도

와줄 테니까 와서 앉아."

준서는 잔뜩 얼굴을 찌푸리며 억지로 의자에 앉았어요.

"왜 그렇게 공부를 하기 싫어하니?"

"공부 재미없어서 하기 싫어요. 꼭 공부를 해야 돼요?"

# 가장 좋아하는 과목부터 시작하세요

텔레비전을 보면서 공부할 수 있을까요? 아마 텔레비전도 제대로 못 보고, 공부도 제대로 할 수 없을 거예요. 계획적으로 공부하는 시간, 휴식 시간을 정해 놓는다면 이런 일이 벌어지지 않을 거예요.

게다가 초등학생인 여러분이 한 가지 일에 집중하는 시간은 중학교, 고등학교에 다니는 언니, 오빠들보다 짧아요. 집중력이 짧기 때문에 하루 계획표를 짜 놓아야 버리는 시간 없이 하루를 알차게 보낼 수 있답니다.

어렸을 때부터 집중력을 잘 길러 놓아야 해요. 뉴턴은 매우 뛰어난 집중력으로 만유인력의 법칙을 발견했어요.

만유인력의 법칙이란 쉽게 설명해서 두 물체가 서로 끌어당기는 힘이에요. 나무에 매달린 사과가 하늘로 날아가지 않고, 그대로 멈춰 있지 않고, 땅으로 떨어지는 이유가 바로 이 만유인력의 법칙 때문이

에요. 지구가 사과를 끌어당기는 힘이 훨씬 크기 때문에 땅으로 떨어지는 거죠.

이 법칙을 발견한 뉴턴의 집중력과 관련해서는 재미있는 이야기가 많이 있어요. 뉴턴은 너무 집중해서 공부를 한 나머지 친구가 자신의 도시락을 훔쳐 먹은 것도 모르고 빈 도시락을 보며 자신이 먹은 걸로 착각하기도 했어요. 또 친구들을 초대해 놓고 포도주를 가지러 갔다가 다른 생각에 빠져 포도주를 가지러 온 것도 잊어버리고 교회에 간 적도 있어요.

집중력은 하루아침에 뚝딱 만들어지지 않아요. 집중력은 언제 생길까요? 바로 자신이 좋아하는 일을 할 때랍니다. 그렇기 때문에 여러분도 집중력을 가지고 공부를 하려면 자신이 좋아하는 과목부터 시작해야 돼요.

좋아하는 과목부터 공부하면서 천천히 공부 시간을 늘려가도록 하세요. 그리고 점차 다른 과목도 공부해 보세요. 모르는 문제가 생기면 주저 없이 선생님이나 부모님, 또는 공부 잘하는 친구에게 물어보세요. 그러다가 스스로 모르는 문제를 하나하나 맞히다 보면 공부에 재미가 붙을 거예요.

집중력을 가지고 꾸준히 노력한다면 나중에는 친구들이 여러분에게 모르는 문제를 물어보려고 할 거예요.

# 자꾸 놀고 싶어요

영준이는 학교 수업이 끝나고 친구들을 불러 모았어요.

"오늘 편 갈라서 축구하자!"

"난 엄마가 이제 그만 놀고 공부하라고 억지로 학원 등록시켰어. 오늘부터 학원 가야 돼."

영준이의 가장 친한 친구 지훈이는 투덜대며 가방을 매고 학원으로 갔어요. 남은 친구들은 영준이와 함께 축구 게임을 했어요.

해가 질 때까지 축구를 하던 아이들은 하나둘 집으로 갔어요. 영준이는 집에 가야 한다는 민서를 붙잡았어요.

"민서야, 벌써 가? 조금만 더 놀다 가자. 우리 둘만 게임방 안 갈래?"

"오늘도 늦게 들어가면 아빠한테 또 혼나는데……. 어제도 너랑 게임하다가 늦게 들어가서 혼났단 말이야."

"그러지 말고 게임 조금만 하다 가자."

영준이는 민서를 끌고 게임방으로 향했어요. 친구와 시간 가는 줄 모르고 신나게 게임을 했어요. 게임에 빠져 있는데 민서 엄마가 게임방으로 찾아왔어요.

"민서야, 또 여기서 게임하고 있어? 아빠한테 또 혼나려고 그래? 빨리 일어나."

민서가 쭈뼛거리며 자리에서 일어났어요.

"영준이도 부모님이 걱정하시겠다. 어서 집에 가."

"전 조금 있다 갈 거예요."

"영준아, 그럼 내일 학교에서 봐."

민서는 엄마 손에 이끌려 집으로 돌아갔어요. 민서가 돌아가고 나서도 영준이는 게임 삼매경에 빠졌어요. 깜깜해져서야 영준이는 터덜터덜 집으로 돌아갔어요.

집에 들어가자 부모님이 걱정스런 얼굴로 영준이를 맞았어요.

"영준아, 이 시간까지 어디 있다가 온 거니? 밥도 안 먹고……. 어제도 늦더니 오늘도 또 놀다 온 거야?"

"숙제도 안 하고, 공부도 안 하고 대체 어쩌려고 그래?"

영준이는 부모님의 잔소리가 듣기 싫었어요.

"아, 몰라요!"

영준이는 방으로 들어가 문을 쾅 닫아 버렸어요. 그리고 방 안에 컴퓨터를 켜고 또 게임을 하기 시작했어요. 엄마가 영준이의 방으로 들어와 물었어요.

"책가방은 챙겼니? 숙제는? 공부해야지. 매일 이런 게임만 하고 있을 거야?"

"공부하기 싫어요! 자꾸 말시키지 마세요!"

엄마는 한숨을 쉬고 거실로 나가 버렸어요. 결국 영준이는 새벽 2시까지 마음껏 게임을 하고 나서 침대에 누웠어요.

다음 날, 영준이는 학교에 가기가 너무 싫었어요. 느릿느릿 준비하다가 결국 지각을 하고 말았어요. 지각을 해서 선생님께 혼이 나고, 시무룩하게 자리에 앉았어요.

"지난주에 자신의 미래의 모습을 상상해서 적어 오라고 했었어요. 다들 해 왔겠죠? 우리 반 친구들은 어떤 미래를 그리고 있을지 궁금해요."

영준이는 뜨끔했어요. 일주일 내내 놀아 숙제를

공부, 이렇게 하세요 **85**

할 시간이 없었던 거예요. 어제 같이 놀던 민서를 보았더니 민서도,

지훈이도 모두 숙제를 해 온 것 같았어요.

'아, 어쩌지? 선생님한테 또 혼나겠네.'

"그럼 누가 먼저 발표해 볼까요? 지훈이는 커서 어떤 사람이 되어 있는지 들어 볼까?"

선생님은 지훈이에게 발표를 시켰어요. 지훈이는 망설이지 않고 일어나 발표를 하기 시작했어요.

"얼마 전에 뉴스에서 소방관 아저씨들이 불이 난 집에 불을 끄고, 사람들을 구하는 모습을 보았어요. 그 뉴스를 보면서 저도 그 아저씨들처럼 위험에 처한 사람을 돕는 일을 해야겠다고 마음먹었습니다. 그래서 멋진 소방관이 되어 있는 모습을 상상해 보았습니다."

"소방관 아저씨들은 정말 없어서는 안 되는 존재예요. 지훈이가 정말 멋진 꿈을 가지고 있네요. 박수 한번 쳐 줄까요?"

친구들은 지훈이에게 크게 박수를 쳐 주었어요.

"다음은……. 영준이가 발표해 볼까?"

영준이는 조용히 자리에서 일어났지만 발표를 할 수 없었어요.

"영준이 숙제 안 해 왔니?"

"네……."

"또 숙제 안 해 온 사람?"

그런데 다른 친구들은 모두 숙제를 해 왔고, 반에서 영준이 혼자만

숙제를 하지 않았어요. 영준이는 또 선생님께 혼이 나고 말았어요.

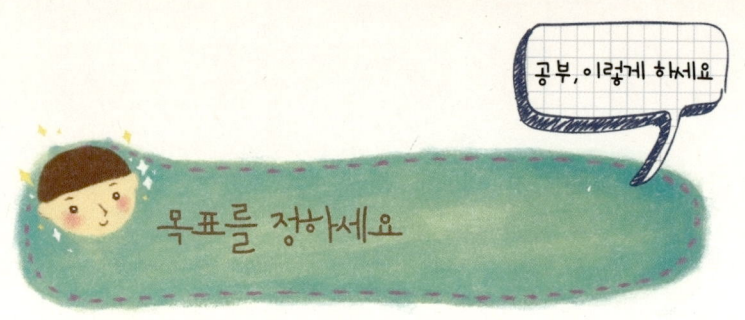

## 목표를 정하세요

한 남자 고등학생이 영어 웅변대회에서 1등을 했습니다. 그 덕분에 남학생은 한국 대표로 뽑혀 미국에 갈 수 있었어요. 미국에서 다른 나라 학생들에게 황당한 질문들을 받았어요.

"한국은 어디 있는 거야? 그 나라에도 대학교가 있니?"

남학생은 한국이 이렇게 알려져 있지 않다는 것에 충격을 받았고 전 세계에 한국을 제대로 알려야겠다고 마음먹었어요.

그리고 그는 당시 미국의 대통령이었던 케네디 대통령을 만나게 되었어요. 케네디 대통령이 남학생에게 물었습니다.

"학생의 꿈은 무엇인가요?"

남학생은 한 치의 망설임 없이 대답했습니다.

"저는 외교관이 되는 게 꿈입니다."

이 사람은 과연 누구일까요? 바로 한국인 최초로 유엔 사무총장을 두 번이나 하게 된 반기문 유엔 사무총장입니다. 유엔은 세계 곳곳에서 일어나는 전쟁을 미리 방지하고 평화를 유지하기 위해 설립된 국제기구랍니다. 반기문 사무총장은 뛰어난 리더십을 발휘해 세계 평화를 위해 열심히 일하고 있어요.

반기문 사무총장처럼 목표를 갖는다는 것은 매우 중요합니다. 하지만 더 중요한 건 목표를 세울 때 구체적으로 세워야 한다는 거예요. 공부를 안 하던 친구들이 처음부터 두세 시간씩 공부를 하는 건 쉽지 않아요. 그렇기 때문에 작은 목표부터 세워 보세요.

책상에 30분 앉아 있기, 매일 수학 문제 다섯 개씩 풀기, 하루에 한자 두 자씩 외우기 등 지금 충분히 실천 가능한 목표를 세우세요.

"뭐야, 하루에 겨우 한자 두 자? 그거 외워서 뭐해?"

이렇게 말하는 친구들도 분명 있을 거예요. 하지만 하루에 두 자씩이면 한 달에 60자, 일 년이면 720자의 한자를 외울 수 있어요.

처음부터 영어 단어 하루에 100단어 외우기, 하루에 책 한 권씩 읽기 등 이렇게 무리한 목표를 세워 놓으면 결국 제풀에 지쳐서 작심삼일로 끝나기 마련이랍니다.

왜 공부하기
싫은가요?

## 외운걸 금방 잊어버려요

초등학교 5학년인 진희는 기말고사 전날 벼락치기 공부를 하느라 정신이 없었어요. 국어, 수학, 영어, 과학을 한꺼번에 공부했어요. 하지만 시험 범위가 너무 넓어서 어떤 것부터 해야 될지 갈피를 잡을 수 없었어요.

그래도 진희는 평소 외우는 것 하나만큼은 자신이 있었기에 국어, 수학, 영어를 교과서 통째로 외우려고 했어요.

새벽 3시가 되자 진희는 꾸벅꾸벅 졸기 시작했어요. 그러다가 화들

짝 놀라 일어나 시계를 보았어요.

"어떡하지? 수학은 아직 손도 못 댔는데……. 큰일 났다. 너무 졸려. 그래, 한 시간만 자고 일어나서 수학 공부 해야겠다."

진희는 새벽 4시에 알림시계가 울리도록 맞춰 놓고 침대에 누워 잠을 잤어요. 피곤했는지 진희는 눕자마자 꿈속으로 빠져들었어요.


"진희야! 학교 가야지! 얼른 일어나!"

엄마가 급하게 진희를 깨웠어요.

"5분만 더 잘게요."

"오늘 시험 보는 날이잖아. 빨리 학교 가야지."

진희는 깜짝 놀라 벌떡 일어났어요. 분명 4시에 알람이 울리도록 맞춰 놓고 잤는데 너무 깊이 잠을 잔 나머지 알람 소리를 듣지 못한 것이었어요.

"진짜 큰일 났다!"

진희는 헐레벌떡 화장실로 뛰어가 씻고 나왔어요. 그리고 아침도 먹지 않고 나가려고 했어요.

아침 식사를 하던 아빠가 진희를 불렀어요.

"진희야! 아침밥 먹고 가야지!"

"저 늦었어요. 빨리 학교 가서 공부해야 돼요!"

학교에 도착해서 보니 친구들은 이미 교실에 앉아 공부를 하고 있었어요.

"진희야, 오늘 좀 늦었네."

"알람 소리 못 듣고 늦잠 자 버렸어."

진희는 울상을 지으며 대답했어요. 다른 친구들의 책과 노트에는 열심히 공부한 흔적들이 남아 있었어요. 진희는 불안한 마음에 어제 공부하지 못한 수학 책을 꺼냈어요. 그리고 문제를 풀려고 했지만 공식을 외우지 못해 문제를 제대로 풀 수가 없었어요.

'정말 어떡하지? 어제 수학 공부를 못하고 자서 공식을 하나도 못 외웠어.'

진희는 급한 마음에 빨리 공식을 외우려고 했지만 잘 외워지지가 않았어요. 1교시가 수학 시험이라 진희는 빨리 외우려고 했어요. 그런데 외워서 문제를 풀려고 하면 자꾸 공식을 잊어버렸어요. 친구들

은 공식을 다 외워서 문제만 보고 술술 풀어

나가는 것 같았어요.

　'안 되겠다. 이러다 수학 점수 제대로 안 나올

것 같아.'

　진희는 눈치를 보며 책상 위에 수학 공식을 적기 시작했어요. 그리고 곧 선생님이 들어오셨고 시험이 시작됐어요.

마침 책상에 적어 놓은 공식과 관련된 문제가 나왔어요. 진희는 선생님 눈치를 보며 책상에 적어 놓은 공식을 보고 문제를 풀었어요.

"진희야, 뭐하니?"

진희는 깜짝 놀라 고개를 들었어요. 어느새 선생님이 진희 앞에 와서 서 있었어요.

"책상에 뭐 적어 놨어?"

"아, 아무것도 안 적었어요."

선생님은 시험지를 치우고 진희의 책상을 살펴보았어요.

"책상에 수학 공식 적어 놓은 거니?"

진희는 고개를 숙이고 아무 말을 할 수 없었어요. 진희는 선생님에게 시험지를 빼앗기고 말았어요.

## 예습, 복습을 해 보세요

시험 전날의 벼락치기로 시험 점수를 조금 높일 수도 있어요. 하지만 평소에는 실컷 놀다가 당장 눈앞의 시험 때문에 반짝 공부를 한다면 공부한 내용을 오랫동안 기억할 수 없어요. 아마도 시험이 끝나자마자 모두 잊어버리고 말 거예요. 그렇기 때문에 평소에 예습과 복습을 해야 합니다.

예습은 특히 중요해요. 내일 수업할 과목들을 미리 한 번 정도 읽고 학교에 가면 선생님의 설명이 머릿속에 쏙쏙 더 잘 들어와요. 미리 공부를 하고 가면 궁금한 점도 생기는데, 모르는 것은 다음 수업 시간에 선생님께 질문을 할 수 있어요. 만약 숙제 때문에 예습을 못 했다면 쉬는 시간에라도 교과서를 한 번 읽어 두는 게 좋답니다.

예습으로 공부할 내용을 파악하고, 수업 시간에 선생님 말씀을 들으면 내용을 정확히 이해할 수 있어요. 그리고 마지막으로 복습을 하

면 공부한 내용을 내 것으로 만들 수 있답니다.

그리고 앞에서 만났던 진희는 아침 식사를 하지 않고 허겁지겁 학교로 뛰어갔어요. 아침 식사를 거르면 과연 우리에게 어떤 영향을 끼칠까요?

아침 식사를 하지 않으면 배가 고프기 때문에 점심, 저녁을 많이 먹게 돼서 뚱뚱해질 확률이 높고, 심장병과 당뇨에 걸릴 확률도 높아진다고 해요.

성적에도 영향을 끼친다는 연구 결과가 있어요. 미국에서는 아침밥을 먹은 학생들의 성적과 기억력, 인지력 등이 훨씬 뛰어났어요. 우리나라에서도 아침 식사를 한 학생과 안 한 학생의 수능 시험 점수가 20점이나 차이가 난다는 연구 결과가 있어요.

우리의 뇌가 활동하기 위해서는 포도당이 필요한데, 아침 식사가 이러한 포도당을 충분히 공급해 주기 때문에 학습 능력에도 영향을 끼친답니다.

귀찮아서, 좀 더 잠을 자고 싶어서, 바빠서 등등의 이유로 아침 식사를 하지 않았던 친구가 있다면 이제부터라도 아침밥을 꼭 먹고 등교하도록 하세요. 아침밥은 여러분의 건강을 위해서라도 꼭 챙겨 먹어야 한답니다.

아침밥도 꼬박꼬박 챙겨 먹고, 예습과 복습도 규칙적으로 한다면 건강과 성적 두 마리의 토끼를 모두 잡을 수 있을 거예요!

왜 공부하기
싫은가요?

# 공부를 어떻게 해야
# 되는지 모르겠어요

　여름방학 내내 실컷 놀았던 원준이는 개학을 앞두고 고민이 많아

졌어요. 그동안 노느라 방학 숙제는 물론이고 매일 써야 할 일기를

하나도 써 놓지 않았기 때문이에요.

　발등에 불이 떨어진 원준이는 부랴부랴 방학 숙제가 무엇인지 확

인했어요. 그런데 생각보다 숙제가 너무 많아서 어떤 것부터 시작해

야 할지 난감했어요.

　꼬박꼬박 일기를 쓰고, 계획적으로 방학 숙제를 해 온 동생 정희가

원준이를 놀리기 시작했어요.

"완전 새 책이네. 내일모레가 개학인데 오빠 어쩌려고 그래?"

"시끄러워! 너보다 훨씬 잘하니까 걱정 마!"

"걱정 안 하거든? 이거 봐. 일기 하나도 안 썼네. 오빠 지난주 일요일 날 뭐 했는지 기억은 나? 오빠는 만날 그러잖아. 조금씩 하면 되는데 그렇게 할 공부를 쌓아 놓으면 언제 다해?"

"저리 안 가? 너 때문에 지금 시끄러워서 숙제가 안 되잖아!"

"그걸 다 언제 해? 만날 놀더니 쌤통이다!"

원준이는 화가 나서 정희를 때려 주고 싶었지만 지금은 숙제가 더 급했어요. ≪여름방학생활≫ 말고도 방학 숙제가 너무 많았기 때문이에요. 가족신문 만들기, 부족한 과목 문제집 한 권 풀어 오기 등 할 게 산더미처럼 쌓여 있었어요.

먼저 ≪여름방학생활≫ 책부터 꺼냈어요. 방학을 시작하고 처음 꺼낸 것이라 정희 말대로 새 책이나 다름없었어요. 방송도 챙겨 보지 못해서 막막했어요. 하지만 다행히 인터넷에서 무료로 ≪여름방학생활≫ 방송을 볼 수 있었어요.

"이걸 언제 다 봐? 에이 안 봐!"

하지만 원준이는 방송을 다 보는 게 시간이 많이 걸릴 것 같아 보지 않고 무작정 문제를 풀기 시작했어요. 하지만 풀어도 풀어도 진도는 나가지 않고 점점 하기가 싫어졌어요.

"아, 지겨워! 안 되겠다. 일기부터 써야겠다."

방학 첫날부터 일기를 써야 했어요. 원준이는 10일치 일기를 쓰다가 지쳐 누워 버리고 말았어요. 원준이는 친구 동열이에게 전화를 걸었어요.

"동열아, 나 원준인데……. 너 방학 숙제 다 했어?"

"응, 난 거의 다하고 문제집만 조금 남았어."

"아, 그래? 그럼 나 ≪여름방학생활≫ 좀 보여 주면 안 될까? 똑같이는 안 베끼고 참고만 할게."

"알았어. 그럼 나 내일 도서관 갈 건데 그리로 올래?"

"좋아. 내일 봐!"


다음 날 원준이는 도서관에서 동열이를 만났어요. 그리고 동열이

의 《여름방학생활》을 참고해 풀기 시작했어요. 꾸역꾸역 반 정도 풀었지만 원준이는 너무 지겨웠어요. 문제집을 풀고 있는 동열이에게 말했어요.

"동열아, 배 안 고파? 간식 먹고 오자."

"난 괜찮은데……."

"그래? 그럼 나 혼자 갔다 올게."

원준이는 혼자 과자랑 음료수를 사 먹고 인터넷실에서 인터넷을 한 후, 한참 뒤에야 돌아왔어요. 그사이 동열이는 열심히 집중해서 문제집을 풀고 있었어요.

원준이는 다시 자리에 앉았어요.

'숙제를 아직 반도 못 했네. 이러다 진짜 큰일 나겠다. 빨리 일기부터 써야지.'

원준이는 일기를 쓰려고 했지만 그날 뭘 했는지 기억도 안 나고, 이야기를 지어내는 것도 한계가 있었어요.

'아, 지겨워. 조금만 자다가 해야겠다.'

원준이는 크게 하품을 하고 책상 위에 엎드려 잠을 잤어요. 그사이

동열이는 숙제를 다 끝냈어요.

"다했다! 원준아, 일어나. 6시 넘었어. 집에 가야지."

"정말? 큰일 났다! 숙제 반밖에 못했는데!"

원준이는 눈앞이 깜깜했어요. 방학 동안 숙제도 제대로 안 한

자신이 너무 한심하기만 했어요.

## 멘토를 만들어 보세요

"공부는 어떻게 해야 되는 거지?"

"목표가 왜 있어야 하는 거지?"

"왜 성적이 안 오르지?"

이렇게 고민하는 친구가 있다면 고민만 하지 말고 주변 사람들에게 도움을 요청해 보세요. 할머니, 할아버지의 지혜가 필요하듯이 아빠, 엄마, 언니, 오빠들의 공부법도 필요하답니다.

부모님이나 언니, 오빠들은 우리가 겪었던 고민들을 한 번쯤 겪은 분들이에요. 그렇기 때문에 우리가 지금 어떤 고민을 하는지, 어떤 생각을 하는지 누구보다 잘 이해해 줄 거랍니다.

텔레비전이나 책에서 '멘토'라는 단어를 들어 본 적이 있을 거예요. 멘토란 쉽게 말해 훌륭한 지도자나 선생님이라고 생각하면 돼요. 아빠, 엄마, 친척 언니, 친척 오빠 등 주변에 공부를 잘하는 사람이 분명 있을 거예요. 나에게 도움을 줄 만한 사람을 멘토로 삼고 도움을 받 도록 하세요.

멘토에게 어떻게 공부를 했는지 물어보면 분명 자세히 대답해 줄 거예요. 하루 계획도 멘토와 함께 짜 보세요. 자신이 그동안 어떻게 생활했는지, 언니, 오빠들은 내 나이 때 어떻게 지냈는지 비교해 보며 반성할 수 있는 기회도 만들 수 있어요.

만약 주변에 멘토로 마땅한 사람이 없더라도 실망하지 마세요. 책 속에 셀 수 없이 수많은 멘토들이 널려 있답니다.

천재 물리학자 아인슈타인, 여성 과학자 퀴리 부인, 음악의 성인 베 토벤, 백의의 천사 나이팅게일 등 훌륭한 멘토들의 이야기를 책 속에 서 만날 수 있어요. 그들은 어떻게 꿈을 이루고, 목표를 위해 어떻게 공부했는지 자세히 배울 수 있습니다.

"나는 원래 공부를 못해."

시작도 해 보지 않고 포기하지 마세요. 처음부터 모든 걸 다 알고, 잘하는 사람은 없답니다. 멘토를 따라 하다 보면 멘토보다 훨씬 훌륭 한 사람이 되어 있을 거예요.

왜 공부하기
싫은가요?

그냥 하기 싫어요

쉬는 시간, 정연이는 친구들과 모여 신나게 연예인 이야기를 하기 시작했어요. 평소 정연이는 한 아이돌 남자 가수를 좋아해서 그와 관련된 거라면 뭐든 수집했어요.

"그 여자 가수 있잖아. 우리 오빠한테 관심 있는 거 같지 않니? 우리 오빠 관심 없어 하는 것 같은데 괜히 관심 끌어 보려고 그러는 것 같아. 텔레비전에서 보면 괜히 우리 오빠 보면서 눈웃음 보내고 그런다."

"진짜야? 완전 웃긴다."

아이들은 자기가 싫어하는 연예인은 무작정 욕을 했어요. 정연이는 어제 인터넷에서 본 연예인 소문들에 대해 신나게 이야기했어요. 어느새 쉬는 시간이 끝나고 국어 수업이 시작됐어요.

선생님이 열심히 앞에서 설명했지만 정연이의 귀에는 들어오지 않았어요. 정연이는 선생님 몰래 교과서 밑에 자신이 좋아하는 연예인 사진을 꺼내 놓고 보았어요. 연예인에만 관심이 있을 뿐 공부는 늘 뒷전이었어요.

수업이 끝나고 정연이는 선생님이 교실에서 나가는 걸 확인하고는 가방에서 화장품을 잔뜩 꺼냈어요.

"우와, 정연아! 이게 뭐야?"

"엄마 화장품인데 안 쓰는 거 같아서 내가 몰래 가지고 왔어. 어때? 예쁘지?"

정연이는 어른들이 입술에 바르는 립스틱을 바르며 친구에게 자랑했어요.

"색깔 진짜 예쁘다!"

정연이와 정연이 친구들이 모여 함께 화장을 하기 시작했어요. 다들 한두 번 해 본 솜씨가 아니었어요. 아이들은 화장을 하고 분식집으로 몰려갔어요. 주문을 받던 분식집 주인 아주머니가 이상한 듯 아이들을 보며 물었어요.

"너희 화장했니?"

"왜요?"

"아니, 초등학생들이 무슨 화장이야? 어른들 화장품 그렇게 마음대로 쓰다가 피부 다 상하면 어쩌려고. 너희는 있는 그대로가 예쁜데."

"어머, 아주머니가 무슨 상관이에요? 완전 기분 나빠. 나가자."

정연이와 친구들은 분식집을 나와 정연이네 집으로 몰려갔어요. 정연이 방에는 정연이가 좋아하는 남자 연예인의 사진이 잔뜩 있었어요. 아이들은 사진을 구경하며 또 연예인 이야기를 하며 시간을 보냈어요.

어느새 밤이 되었고 정연이의 부모님이 일을 마치고 집으로 돌아왔어요. 정연이의 친구들은 모두 집으로 돌아가고 정연이는 부모님과 저녁 식사를 했어요. 아빠가 물었어요.

"친구들하고 뭐했니?"

"그냥 얘기하고 놀았어요."

"공부는 안 하고?"

정연이는 대답을 하지 않고 밥을 다 먹고 방으로 들어가 버렸어요. 그리고 컴퓨터를 켜고 연예인 기사를 검색하며 시간을 보냈어요. 엄마가 정연이의 방으로 들어왔어요.

"정연아, 공부 안 하고 또 이런 연예인 기사나 보고 있는 거야?"

정연이는 엄마 잔소리에 짜증이 났어요. 엄마는 자기의 말에 아랑곳하지 않고 인터넷 기사만 보고 있는 정연이에게 화가 났어요.

"지난번 성적도 엉망이고, 대체 왜 이렇게 공부를 안 하니?"

"아, 짜증 나! 만날 공부, 공부! 그냥 하기 싫어요! 하기 싫은데 이유가 어디 있어요!"

엄마는 학교 숙제를 확인하기 위해 책가방에서 알림장을 찾다가 화장품을 발견했어요.

"이게 뭐야? 이거 엄마 화장품 아니니? 이제 화장까지 하고 다니는 거야?"

"왜 제 가방을 뒤지고 그래요? 공부고 뭐고 다 싫어!"

엄마는 정연이가 공부에는 관심도 없고 성적도 엉망이라 걱정스러웠어요.

## 부모님을 떠올려 보세요

여러분이 입고 있는 옷, 먹는 것, 공부하는 책 등 여러분에게 필요한 모든 것은 부모님이 사 주실 거예요. 이런 것들을 사는 데는 돈이 필요한데, 혹시 부모님이 열심히 일하는 회사에 가 본 적이 있나요? 아마 가 본 적이 없다는 친구들이 훨씬 많을 거예요.

아침부터 저녁까지 부모님은 여러분을 생각하며 열심히 회사에서 일을 합니다. 그런데 돈을 버는 게 쉬울까요? 여러분이 공부가 어렵듯이 어른들도 돈을 버는 게 매우 힘들고 어려운 일이에요.

여러분에게는 일 년에 두 번 방학이 있지만 어른들은 편히 쉴 수 있는 방학도 없어요. 비나 눈이 와도 여러분에게 좀 더 좋은 옷을 사 주고, 맛있는 걸 먹이고 싶은 마음에 부모님은 회사에 나간답니다.

공부가 그냥 이유 없이 하기 싫고 귀찮다면 힘들게 회사에서 일하고 계실 부모님을 한번 떠올려 보세요. 그리고 여러분이 공부도 하지

않고 목표도 없이 허송세월을 보낸다면 누가 가장 슬퍼하고 마음 아파할까요? 선생님도 아니고 친구도 아니에요. 바로 여러분의 부모님입니다.

하지만 부모님을 위해 공부를 하라는 뜻은 아니에요. 여러분이 훌륭한 사람이 된다면 부모님이 자랑스러워하겠지만 그로 인해 행복해지는 것은 바로 자기 자신이라는 것 잊지 마세요.

하루 24시간은 누구에게나 주어지지만 그 시간을 어떻게 쓰느냐는 본인에게 달려 있어요. '내가 헛되이 보낸 오늘은 어제 죽은 이가 그토록 살고 싶어 하던 내일이었다.'라는 말이 있어요. 1분, 1초가 소중하기 때문에 그냥 흘려보내서는 안 된다는 뜻이에요.

한 사형수가 있었어요. 그에게 남은 시간은 고작 5분뿐이었어요. 자신을 아는 친구들과 부모님을 떠올렸고 자신의 삶을 되돌아보았어요. 5분은 순식간에 지나갔어요.

'한 번만 더 살 수 있는 기회를 준다면 얼마나 좋을까. 그동안 내가 얼마나 헛된 인생을 살았는가.'

형이 집행되기 직전이었어요. 멀리 병사가 헐레벌떡 뛰어왔어요.

"멈추세요! 당장 멈추세요! 사형 집행이 취소되었습니다!"

사형수는 극적으로 살아날 수 있어요. 그 사형수는 바로 러시아의 위대한 작가 도스토예프스키였어요. 새로운 삶을 살 수 있게 된 그는 ≪죄와 벌≫, ≪카라마조프의 형제들≫ 등의 걸작을 남겼습니다.

지나간 시간은 다시 돌아오지 않아요. 어른이 되어 '아, 그때 공부 좀 할걸……' 이렇게 후회해도 소용없어요. 부모님을 위해, 미래의 나를 위해 아까운 시간을 낭비하지 마세요.

왜 공부하기
싫은가요?

## 숙제가 너무 많아요

 

 

찬우는 깜빡하고 과학 숙제를 하지 못했어요. 선생님은 숙제를 해

오지 못한 친구들에게 한 명씩 물었어요.

"민정이는 왜 오늘 숙제 안 해 왔니?"

"숙제를 잘못 알고 있어서 다른 거 해 왔어요."

"선생님 말을 잘 듣고 있어야지. 다른 생각하고 있으니까 숙제를

잘못 적어 가지. 앞으론 조심해야 한다. 찬우는 왜 숙제 안 해 왔니?"

"숙제가 너무 많아서 못 했어요."

"어제 과학 숙제만 내줬는데 무슨 숙제가 많아?"

찬우는 쭈뼛거리며 대답을 망설였어요.

"왜 대답을 못 하니?"

"영어 학원 숙제, 수학 학원 숙제도 많고……. 어제 학습지 선생님도 오는 날이라……."

"학원 숙제 때문에 학교 숙제를 못 한다는 게 말이 되니?"

찬우는 선생님에게 크게 혼이 났어요. 찬우는 자기가 하기 싫어서 안 한 것도 아닌데 혼나는 게 너무 억울했어요.

그날 학교가 끝나자마자 논술 학원으로 향했어요. 운동장에서 반 친구들이 축구를 하고 있었어요.

"찬우야! 같이 축구하자!"

"나 학원 가야 해서 안 돼."

"그래? 할 수 없지, 뭐. 잘 가!"

찬우도 친구들과 어울려 축구를 하고 싶었어요. 하지만 학원을 빠지면 부모님에게 크게 혼이 나기 때문에 학교 정문에서 기다리고 있는 학원 버스를 타고 학원으로 향했어요.

논술 학원에 도착해 수업을 들었지만 찬우는 수

업이 귀에 들어오지 않았어요.

'아, 재미없어.'

찬우는 공책에 끼적끼적 낙서만 했어요. 논술 학원에서는 다음 주

까지 《파브르 곤충기》를 읽고 독후감을 써 오라는 숙제를 내 주었어

요. 논술 학원이 끝나고 이번에는 수학 학원으로 향했어요.

수학 학원이 끝나고 나서는 영어 학원, 영어 학원이 끝나고 나서는 피아노 학원, 그리고 태권도 학원까지 찬우는 하루 종일 각종 학원에서 시간을 보냈어요.

밤이 돼서야 한 아름 숙제를 안고 무거운 발걸음으로 집에 돌아갈 수 있었어요.

집에 도착하니 이번엔 과외 선생님이 기다리고 있었어요. 수학 성적이 잘 오르지 않자 부모님이 수학 과외 선생님까지 부른 거였어요.

"오늘부터 찬우 가르쳐 주실 수학 선생님이야. 인사하렴."

"오늘 숙제 엄청 많은데……."

"숙제는 과외 끝나고 하면 되지."

찬우는 어깨가 축 처진 채로 과외 선생님에게 인사를 했어요. 과외 선생님이 열심히 설명을 하며 수학을 가르쳐 주었지만 찬우는 또 딴 생각을 했어요.

'아, 정말 하기 싫다.'

과외가 끝나자 이번에는 엄마가 학습지를 잔뜩 들고 왔어요.

"찬우야, 이거 밀린 거 얼른 풀어야지."

찬우는 길게 한숨을 쉬었어요.

"엄마, 학교 숙제도 많고 학원 숙제도 많은데 이거까지 해야 돼요? 저 하기 싫어요. 학원도 다니기 싫고 공부도 하기 싫어요."

"그래도 초등학교 때 기초를 잘해 놔야 중학교 가서 고생 안 하는 거야. 엄마가 도와줄 테니까 앉아 봐."

"싫어! 싫어요! 어제 이런 거 하느라 학교 숙제 못 해 가서 선생님 한테 혼났단 말이에요! 이런 거 안 해요!"

찬우는 이불 속으로 들어가 버렸어요.

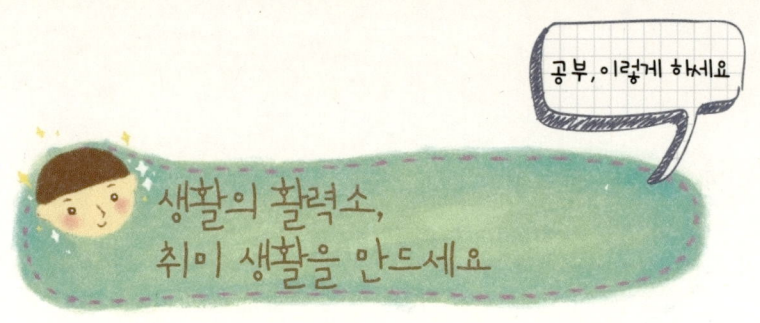

생활의 활력소,
취미 생활을 만드세요

시간은 매우 소중하지만 24시간 내내 공부만 하고 살 수는 없어요. 잠도 자야 하고, 밥도 먹어야 하고, 친구들과 놀 시간도 있어야 하고, 공부하면서 쌓인 스트레스 풀 시간도 있어야 해요.

'만병의 근원은 바로 스트레스'라는 말을 들어 보았을 거예요. 특히 정신적으로, 신체적으로 성장을 하고 있는 여러분에게 스트레스는 매우 안 좋아요. 여러분이 가장 스트레스를 받는 것은 무엇일까요? 초등학생이 가장 많이 스트레스를 받는 곳은 바로 학원이었어요. 두 번째는 성적, 세 번째는 따돌림이었답니다.

한마디로 공부로 인해 많은 스트레스를 받고 있다는 뜻이에요. 여러분 중에는 찬우처럼 학교 수업이 끝나면 많은 학원을 다니느라 힘든 친구들이 있을 거예요. 이렇게 자꾸 공부로 스트레스를 받는다면 공부가 점점 하기 싫어집니다.

그리고 스트레스는 정신적으로, 신체적으로 좋지 않아요. 스트레스는 성장 호르몬을 방해하기도 한답니다.

공부 때문에 받은 스트레스는 꼭 풀어 줘야 해요. 여러분이 좋아하는 걸 하며 스트레스를 풀 수 있어요. 노래 부르기나 악기 연주 등 스트레스를 풀 수 있는 방법은 많이 있어요.

그런데 간혹 게임으로 스트레스를 푸는 친구들이 있어요. 건전하고 유익한 게임을 잠깐 하는 건 좋지만 잘못하면 게임 중독에 빠질 수 있으니 조심하세요.

스트레스에 특히 좋은 건 운동이에요. 운동은 우리 뇌를 더 활발하게 움직이도록 도와주기도 합니다.

미국의 일리노이 대학에서 한 가지 실험을 했어요. 초등학생을 대상으로 운동을 시킨 다음 수학, 읽기, 운동 능력을 살펴보았어요. 어떤 결과가 나왔을까요?

운동 능력이 뛰어난 학생들이 수학과 읽기 능력도 뛰어났어요. 운동은 스트레스를 풀어 줄 뿐만 아니라 우리의 지능을 높이는 데도 도움을 준다는 뜻이에요.

기쁨은 나누면 배가 된다는 말이 있죠? 좋은 친구들과 함께 좋은 취미를 함께 공유한다면 공부에 대한 스트레스는 금세 사라질 거예요.

학원을 너무 많이 다녀 힘들다면 부모님께 잘 말씀드려 보세요. 학원 대신 자신이 평소에 배우고 싶었던 것들을 배우며 잠시 쉬는 시간을 달라고 말씀드리면 부모님도 이해해 주실 거예요. 참, 그전에 여러분이 해야 할 것이 있어요. 공부도 소홀히 하지 않겠다는 모습을 꼭 보여 드려야 해요!

# 엄마 아빠가 읽어요

청소년 학습발달 전문가 황준원 교수의
우리 아이 공부습관 들이기 프로젝트

# 1

• 공부를 왜 해야 하는지 아이 나름의 답을 만들도록
  도와주세요

아이들은 매순간마다 장래 희망, 꿈이 바뀌곤 합니다. 운동에 열중할 때에는 세계적인 운동선수, 로봇 만들기를 재미있어 할 때에는 훌륭한 과학자, TV에 나오는 가수들을 보면 유명한 연예인 등등 그 꿈이 수시로 바뀝니다.

하지만 엄마 아빠도 알다시피 어떤 직업을 목표로 하든 남들보다 적게 노력하고 뛰어난 실력을 갖추기는 쉽지 않아요. 난관에 부딪히면 스스로 이겨 내고, 본인이 그리는 미래를 향해 한걸음씩 나아가면서 기회를 만들어 갈 때 꿈이 곧 현실이 되지요.

아이들이 미래에 무엇이 되고 싶은지 시기별로 이야기할 기회를 만들어 주세요. 그리고 그 꿈을 이루려면 지금 이 순간 무엇을 어떻게 해야 하는지 엄마 아빠에게 설명하도록 요구하세요.

"몰라.", "그냥 좋아.", "그냥 이거 될래.", "열심히 잘하면 될 거야." 식의 대답 말고 구체적으로 지금 하루 생활에서 무엇을 얼마나 하면 좋을지에 대해 아이가 생각하고 대답하도록 유도해 주세요. 그럴수록 아이들이 하루 생활의 일과를 돌아보고 계획을 세우기가 쉽답니다. 그리고 아이들이 말한 여러 가지 계획 중 몇 가지라도 꼭 생활에 반영해서 일과에 포함시키는 것이 중요합니다.

아이들이 스스로 미래의 목표를 정하고 실천으로 옮기는 과정은 앞으로 자기 생활에서 주도적으로 계획하고 시간을 배분하는 습관을 기르는 데에 많은 도움이 됩니다. 이런 과정에서 엄마 아빠가 꼭 유념해야 될 일이 있어요. '시행착오'에 너그러워지는 것이랍니다.

'이렇게 하면 하루 생활이 알차고 보람 있을 텐데.' 하는 생각에 엄마 아빠가 마치 정답처럼 목표를 주고 하루 일과를 다 정해 주는 경우가 많아요. 이렇게 아이가 생각할 기회 없이 부모님이 정해 주는 생활을 하다 보면 아이들이 수동적이 되고, 쉽게 지치게 돼요.

또 자신이 왜 이걸 하는지에 대해 쉽게 잊어버리고 자기는 부모가 시키는 대로만 하는 존재처럼 인식하기가 쉽습니다. 나아가 부모님의 지시, 충고, 권고를 모두 '잔소리'라고 우기는 경우도 많아져요.

따라서 부모님 입장에서 중요하게 생각하는 미래를 위한 공부와 아이들 입장에서 하면 재미있는 활동, 장래 희망과 연결되는 것들을 균형 있게 배분하는 게 필요합니다.

지금 이 순간에는 아이들이 내놓은 '나 이거 할래.'라는 답이 뭔가 서툴고 시간 낭비하는 것처럼 보일 수도 있어요. 하지만 멀리 봐서는 아이들이 스스로의 생활을 계획하고 준비하는 과정이라는 점, 아이 스스로 자신이 세운 계획이 어떻다고 평가하고 수정하는 기회를 준다는 점을 꼭 기억해 두세요.

# 2

- **규칙적인 생활**을 하도록 도와주세요

사람의 몸은 아주 정밀하지 않지만 일정한 주기를 갖고 있는 유기체랍니다. 일정한 시간대에는 배가 고파지고, 일정한 시간에는 잠이 오죠. 비단 취침 시간, 기상 시간, 식사 시간뿐만 아니라 하루 생활에서도 집중이 잘되는 시간, 쉽게 피곤함을 느끼는 시간이 존재합니다.

아이의 평소 하루 생활 주기를 생각해 보고 가급적 주중 매일 같은 시간대에 비슷한 활동을 배치해 주세요. 아이들이 일정하게 생활할 수 있는 밑바탕이 된답니다.

아이들의 규칙적인 생활을 위해 다음과 같은 점은 한 번 알아 두세요.

★ 하루 일과를 계획할 때 먼저 잠자야 하는 시간을 정해 주세요

- 생리학적인 정상 수면 시간은 아동기에 10시간 이상, 청소년은 9시간 정도입니다. 간혹 쉬어야 할 때 잠을 줄여 가며 인터넷, 게임, 문자 등으로 시간을 보내거나 너무 늦게까지 공

부하는 아이들이 있는데, 장기간 반복되면 피로가 쌓이고 쉽게 스트레스를 받는답니다.

아이들이 평소 잠이 부족한지 아닌지는 아침 일과가 없는 휴일에 일어나는 시간을 보면 알 수 있어요. 평소보다 2시간 이상 기상 시간이 늦어진다면, 이건 아이들이 휴일에 게으름을 피우는 것이 아니라, 평일에 잠이 부족해서 그렇다고 생각해야 합니다.

- 낮 시간의 운동은 적당한 잠을 청하고 푹 자는 데에 도움을 줍니다. 그러나 잠들기 3시간 이내에 하면 오히려 잠을 쫓을 우려가 있으니 삼가는 게 좋습니다.

- 잠들기 직전 식사 또는 간식을 먹을 경우 배가 부르고 불편해서 깊게 잠을 자는 데 방해가 된답니다. 이 시간대에 간식을 준다면 가급적 소량을 주는 것이 좋습니다.

- 또 잠자기 1시간 전에는 게임과 TV를 멀리하도록 도와주세요. 눈에 자극을 주고 잠을 쫓아 잠이 쉽게 오지 않습니다.

- 만약 낮잠을 자야 한다면 절대 길게 자면 안 돼요. 45분 이상 낮잠을 자면 깊은 잠을 자게 되는데, 그러면 밤에 잠을 제대로 잘 수 없습니다.

- 침대에서 공부나 숙제를 하거나 노트북, 게임기, 핸드폰은 사용하지 않도록 해 주세요. 막상 공부해야 할 때는 졸리고, 자야 할 때는 딴짓을 하는 습관이 붙어 자는 것을 자꾸 미루게 됩니다.


★ 학교 수업이 끝나고 해야 할 공부량을 정하세요

- 학원, 과외, 각종 숙제, 학습지, 문제집 등을 하루 동안 공부해야 할 시간, 할 양을 정하고 하루 일과 중 적절히 배치시켜

주세요.

- 공부는 평소 학교 수업 시간보다 짧은 시간 공부한 후 잠깐 쉬고 다음 공부를 하도록 지도해 주세요. 잘 집중해서 열심히 한다면 초등학교 저학년은 2시간 이내, 고학년은 2~3시간 정도를 학교 수업 외에 공부하는 시간으로 정하면 좋아요.

★ 여가 시간도 할 일을 미리 정해 주세요

- 매일 규칙적으로 30분에서 1시간을 운동하는 시간으로 정하도록 하세요. 건강한 신체에 건강한 정신이 깃든답니다. 아이들이 어떤 일에 스트레스를 받고 심리적으로 불안해 할 때 땀을 흘리고 발산할 수 있는 운동은 좋은 스트레스 대처 수단이 된답니다.
- 컴퓨터, 게임, TV 시청을 하루에 얼마나 하는지 따져 보세요.

가급적이면 하루에 2~3시간 이상 하지 않도록 주의를 줘야
합니다.

- 오랫동안 컴퓨터, 게임, TV를 하거나 보고 싶어 하는 경우에
  는 일주일에 오래 할 수 있는 날과 그렇지 않은 날을 구분해
  주세요.

# 3

• 주말에는 아이와 손을 잡고 밖으로 나가세요

평소 아이에게 다양한 학습 자극이 주어질수록 이것이 밑바탕이 되어 나중에 새로운 걸 보고 배울 때 오랫동안 기억할 수 있게 됩니다. 머릿속에 들어온 지적 자극이 다양한 감각, 즉 시각, 청각, 촉각 등 여러 감각을 통해 전달됩니다. 그리고 여러 경험과 평소 알고 있던 사실, 즐겁고 재미있던 감정과 연결되어 오래 기억할 수 있도록 도와주기 때문입니다.

기억은 알고 있는 개별의 감각 자극들이 종합해 연합(association)할수록 보다 더 강하게 지속됩니다. 그렇기 때문에 다양한 감각 자극과 소재가 충분히 전달될수록 오랫동안 머릿속에 남아 지식이 축적되고, 이게 결국 쌓이면 공부를 잘하게 되겠지요.

백문(百聞)이 불여일견(不如一見)이라는 오랜 한자 성어처럼 사람의 오감 중 어느 하나에 치우친 지적 자극을 100번 거듭하는 것보다 색다른 자극이 하나 곁들여질 때 아이들의 실력은 쭉 늘어날 거예요.

어떤 지적인 자극을 접하고 나서 그 뒤 완전히 까먹었다고 해도, 그 다음에 동일한 자극을 줄 경우 놀랍게도 더 빨리, 정확히 기억한다고 합니다. 이런 기억 현상을 점화(priming)라고 하는데요, 비록 아이가 그 순간에는 제대로 외우고 익히지 못하더라도 나중에 자신이 본 것과 관련된 공부를 할 때에는 다른 친구들보다 더 빨리, 정확히 외우게 되는 것과 같다고 할 수 있습니다. 다시 말해 아이들이 다양한 체험을 하는 건 어떻게 보면 공부를 잘하게 되는 기초를 미리 다지는 것이라고 할 수 있습니다.

주중에는 아무래도 유치원이나 학교를 다녀와 숙제나 학습 등의 일과로 채워져 있기 때문에 다양한 지적 자극을 주기에는 시간도, 기회도 충분하지 않습니다. 그렇기 때문에 주말을 활용하는 것이 좋지요.

아이들과 함께하는 주말 활동은 단순한 휴식뿐만 아니라 얼마 후 아이들이 접하게 될 지식, 상식을 부담 없이 미리 소개하는 기회가 된다는 점을 잘 이용하세요. 자연 체험, 아이들 수준에 맞는 박물관, 미술관, 전시회, 공연들, 해외 체험 등은 아이들이 보고, 듣고, 하는 동안에 재미있어 하면서 나중에 학습에 유용하게 쓰일 좋은 기본 재료가 될 거에요.

# 4

● 어릴 때부터 **다양한 책을 가까이** 하도록 해 주세요

책은 어린 아이들에게 미처 보거나 경험하지 않은 걸 생각하고, 상상하고, 받아들이도록 하는 데 매우 유용한 도구랍니다. 영유아 발달을 연구하는 여러 학자들은 아이들의 발달을 촉진시키기 위해 심지어 아직 아이가 말을 배우기 전 단계부터 책을 보여 주고, 옆에서 읽어 주는 것을 권합니다. 이렇게 책을 일찍부터 접한 아이들의 경우 말을 쉽고 빨리 배우고 나중에 학업 성적도 우수해진다고 해요.

아이들의 발달 시기별로 적당한 책은 이렇습니다.

★ 영유아기 - 피아제의 감각운동기

- 인체에 해롭지 않은 소재로 만든 튼튼한 책

- 색깔이 밝고 선명하며, 일상생활에서 흔히 접할 수 있는 사물, 신체 부위, 동물의 모습과 이름이 나와 있는 책

- 식사, 대소변 가리기, 잠자기, 놀기 등의 일상생활과 관련된

그림책

- 글자 중 받침이 적고 간단한 글귀(동요, 동시 구절)가 적혀 있는 책

★ 학령전기 - 피아제의 전조작기

- 그림이 많고 사물이나 생활 경험에 대해 글자로 내용이 들어 있는 그림책

- 등장인물이 3인 이하의 내용이 단순하고 반복적인 구조의 책

- 의인화된 동물이 나오는 책

- 언어 감각을 발달시키기 위해 다양한 의성어, 의태어가 나온 책

★ 저학년 - 피아제의 구체적 조작기

- 선악의 구분이 뚜렷하고 이해하기 적당한 줄거리를 갖고 있

는 창작 동화, 명작 동화

- 글과 그림이 섞여 있지만 비교적 그림 위주인 책

- 학교 공부와 관련되는 언어, 한자, 수학, 과학, 사회 등의 학

  습 주제가 있는 책

- 아이들의 일상생활을 소재로 한 현실적 이야기를 담은 책


★ 고학년 - 피아제의 형식적 조작기

- 또래와의 우정, 싸움, 이해, 용서를 담은 책

- 도전, 모험, 공상 주제의 책

- 역사, 전기, 논리 관련 책

- 사회 문제, 환경 문제에 대한 내용의 책


해당 연령의 권장도서들은 이런 기준을 어느 정도 충족시키기 때

문에 유치원이나 학교에서 권장하는 도서목록에 맞추어 하나씩 접하도록 해 주시는 것이 좋습니다.

그리고 아이들이 독서를 할 때 부모의 적절한 조언과 개입이 필요합니다. 요즘 아이들은 봐야 할 책의 형태와 주제가 바뀌는 시기에 독서 습관이 바뀌지 않은 채로 이전 발달 단계에 맞는 책을 보거나 고집하는 경우가 많기 때문입니다.

특히 초등학교 저학년에서 고학년으로 바뀌는 시기는 부모가 각별히 신경을 쓰고 주의해야 합니다. 이 시기에 흥미 위주의 저학년용 만화만 보고 있거나, 이미 여러 번 읽어서 내용을 잘 알고 있는 책을 재미있다며 반복해서 보거나, 다양한 분야의 책을 고르지 않고 한두 가지 좋아하는 주제에만 치우쳐 읽는 것은 신체뿐만 아니라 한창 성장 중인 두뇌 발달에도 별로 도움이 되지 않아요.

또 이 시기 아이들이 글만으로 이루어진 책은 왠지 어렵고 재미가 없을 것 같아 읽지 않겠다고 유난히 고집을 부리는 경우가 많은데요, 일정 기간마다 이런 책을 볼 것을 상기시키고 아이가 너무 거부할 때에는 본인이 재미있을 만한 책 몇 권을 보면 엄마 아빠가 선택하는 책을 한 권 읽도록 하는 비율을 정해주는 것이 좋습니다.

마지막으로 꼭 책의 대략적 내용이나 읽고 난 후의 생각들을 부모에게 말로 설명하거나 1~2페이지로 요약해 글로 적는 연습을 시키는 것도 학습에 큰 도움이 됩니다.

# 5

● 먼저 공부하는 모습을 보여 주세요

인간의 학습과 관련된 이론 중 관찰학습(observational learning) 이론이 있습니다. 반두라(Bandura)가 내놓은 이 이론은 다른 사람의 행동과 그 결과의 관찰을 통해 학습이 이루어진다고 봅니다. 한마디로 모범이 되는 행동을 보고 그 행동의 결과가 어떻게 나오는지를 알게 될 경우 그 행동을 따라 해 습득하게 된다는 것이지요.

아이들에게 재미있어 하고, 하고 싶어 하는 것을 참고 자신의 미래를 위해 계획을 세우고 꾸준히 실천할 것을 이야기하기 위해서는, 아이들에게 이랬더니 잘 되더라 하는 것을 한번쯤 제대로 보여 줄 필요가 있습니다.

아이들과 제일 많이 마주치고 그 사람의 행동과 그 결과를 잘 볼 수 있는 대상은 누구일까요? 아이들이 제일 영향을 많이 받고, 쉽게 그 사람이 하는 행동을 따라 하는 대상은 과연 누구일까요?

아시는 대로, 바로 부모입니다. 엄마 아빠가 평소 학습과 연결이 되는 독서를 즐기고, 어떤 문제를 해결하기 위해 여러 책들을 찾아보고 아이들에게 설명하는 모습을 많이 보여 줄수록 아이들은 이러한 지적인 활동을 따라 하고 관심을 보입니다.

　이와는 반대로 아이들에게 공부와 성적에는 조바심을 내고 잔소리를 자주 하지만, 아이들에게 공부를 잘하기 위한 생활 습관과는 반대되는 무절제한 TV 시청이나 인터넷을 하는 모습만을 보여 준다면 어떨까요? 아이들은 부모의 거울이라고 하죠. 역시 아이들은 부모님의 말씀과 다른 행동을 오히려 잘 기억하고 더 잘 따라 하게 된답니다.

# 6

● 집중을 **잘할 수 있게** 도와주세요

공부할 때 시간을 정해 놓고 할 수 있도록 해 주세요. 공부는 집중력을 잘 유지한 상태에서 효율적으로 하는 것이 중요하기 때문이에요.

★ 아이들이 시간관념을 갖고 일정하게 공부하도록 해 주세요

● 학교 시간표, 하루 생활 계획표를 잘 보이는 곳에 붙이고, 확인하게 해 주세요.

● 알림장에 적어 온 그날의 과제를 다시 큰 글씨로 메모해 잘 보이는 곳에 붙여 확인하게 해 주세요. 미취학생이나 초등학교 저학년 학생의 경우 집에 돌아오면 오늘 일과가 어떻게 될지 미리 이야기하고, 아이가 기억한 사항을 다시 부모님께 전달하도록 해 주세요.

★ 공부하는 장소를 만들어 주세요

- 주의가 분산되지 않도록 책상 위를 깨끗하게 만들어 주세요.

- 조명은 너무 밝지도, 너무 어둡지도 않게 만드는 것이 좋아요. 공부하는 방에 필요한 밝기는 보통 방마다 설치되어 있는 형광등 2개 정도를 켠 상태에서 책상 왼편에 스탠드를 두는 것이 좋아요.

- 조용하고, 환기가 잘 되고, 다소 서늘한 온도가 유지되는 것이 좋아요.

★ 시간을 요령 있게 쓰도록 지도해 주세요

- 학교 수업 단위보다 조금 더 짧게 공부하고 자주 휴식하도록 만들어 주세요.

- 뭔가 외울 때에는 '다중감각방식'을 이용하세요. 눈으로만 책을 훑어보기보다는 눈으로 보고 소리로 내면서, 중요한 구

절은 노트에 옮겨 적으면 훨씬 오래 기억할 수 있어요.

- 짧게라도 그날 배운 걸 요약, 마무리하는 시간이 필요해요.

그날 최종적으로 정리해 둔 것이 기억에 잘 남아요.

★ 단순 설명보다 문답이 필요해요

- 문제를 풀 때 필요한 정보까지만 설명하고 나머지는 아이 스
스로 생각해서 문제를 풀도록 유도해 주세요.

# 7

## 공부로 스트레스를 주지 마세요

아이들이 공부로 스트레스를 너무 많이 받을 경우 오히려 공부가 잘되지 않아요. 공부의 근간이 되는 장기기억, 즉 한 번 외우고 안 것이 오랫동안 유지되기 위해서는 다음과 같은 과정을 밟게 됩니다.

먼저 감각 자극을 잘 받아들일 준비를 해야 합니다. 학습을 하는 과정에는 수많은 감각 정보가 있습니다. 선생님이 말씀하시는 음성 정보, 칠판이나 교과서에 적혀 있는 글이나 도표, 그림을 보는 과정에서의 시각 정보들이 있어요.

이러한 정보들은 신체가 피곤하지 않고 졸리지 않은 상태에서 감각의 혼란을 주지 않는 편안한 분위기, 즉 청각 정보를 잘 받아들일 수 있는 조용한 분위기와 시각적으로 피로를 주지 않는 잘 정리된 환경이 갖추어져야 잘 받아들일 수 있답니다.

이런 감각 정보들은 일단 집중을 해야 머릿속에 들어와 기억으로 저장이 되지요. 집중하지 않는다면 일상생활의 수많은 자극들은 의

미 있는 것으로 남지 않고 그냥 머릿속에서 사라지게 됩니다. 즉 생각하는 공부 과정은 편안한 정서 상태에서 제일 잘 이루어집니다.

집중되지 않을 때나 다른 일에 신경을 쓸 때에는 뭔가를 유심히 봤어도 나중에 돌아서면 뭘 봤는지 잘 기억이 나지 않는 경험이 다들 있으실 겁니다. 또 마음이 불안하면 그전에 알고 있던 것이 하나도 기억나지 않는 경험도 있을 거예요.

잘 형성된 장기기억도 서서히 잊혀지는데, 이때 기억을 환기시키는 과정, 즉 복습이 잘 이루어질 경우 학습한 내용을 잊어버리지 않고 잘 기억하게 됩니다. 이 일련의 과정이 학습에서 나타납니다.

작은 긴장감과 스트레스는 피할 수 없고, 이것은 공부에 도움이 되기도 합니다. 우선 졸지 않아야 학습과 관련된 정보를 받아들일 수 있는데, 긴장을 하면 자연스럽게 각성이 됩니다. 또 긴장이나 스트레스는 정신 운동 속도를 빠르게 만드는 역할을 하므로 두뇌 회전이 빨라져 학습의 효율이 늘어난답니다.

　하지만 과도한 스트레스는 기억을 장기화시키는 과정을 방해할 뿐만 아니라 스트레스를 견디고 공부하는 데 방해가 됩니다. 공부 자체가 원래 스트레스를 조금 받으면서 하는 것입니다. 하지만 여기에 부모의 과하고 막연한 기대, 성적에 대한 압박, 친구와의 경쟁 심리 자극을 넘어선 비교와 질책, 신체 피로나 스트레스를 푸는 활동을 너무 금기시하는 것들이 겹쳐지면 필요 이상으로 스트레스를 받게 됩니다.

　공부로 과도하게 스트레스를 받지 않으려면 어떻게 해야 할까요? 우선 피로하지 않고 무리하지 않는 범위에서 하루 동안 공부해야 할 양을 정하고, 그 시간에는 최대한 집중해서 공부하도록 권하는 것이 장기적으로 도움이 됩니다. 그리고 아이가 공부를 열심히 했는지 그렇지 않은지의 기준을 성적으로 삼는 경우가 많은데, 이것보다는 평소 공부를 주어진 시간 동안 얼마나 열심히 성실하게 했는지에 관심을 갖는 것이 더 중요해요. 즉 성적이 아닌 아이 하루 일과의 성실성에 관심을 보여야 해요. 좋은 일과를 성실하게 보낼 경우 성적은 거기에 맞추어 오르게 되겠지요.

성적이 나오면 점수가 높고 낮음을 가지고 이야기하기보다는 아이와 같이 이번 시험을 준비할 때 아쉬운 점과 소홀한 점을 이야기하고 다음에는 더 잘 준비하기 위해 무엇을 어떻게 하겠다는 계획을 함께 세우는 과정이 더 중요해요.

이때, 엄마 아빠가 "이렇게 하면 좋겠다." 하고 먼저 얘기하지 말고, "이런 상황에는 어떻게 하면 좋겠니?"라고 꼭 물어보세요. 하루 생활을 머릿속에 그려 보는 과정을 거쳐 스스로 계획을 세우는 과정은 아이에게 책임감을 갖게 합니다.

이런 과정에서 아이가 공부나 성적에 스트레스를 너무 많이 받지 않는지 살펴보고 편견 없이 아이에게 스트레스를 너무 많이 받는 건 아닌지 물어보세요. 그 과정에서 공부를 왜 해야 하는 것인지, 하루 일과 시간을 어떻게 보내야 하는지에 대해 알려줄 수 있으니까요.

마지막으로 평소 엄마랑 떨어져 혼자 지내는 것에 많이 무서워하고, 별일 아닌 일에 쉽게 걱정하고, 별 이유 없이 자주 머리나 배가 아프다고 하는 아이들은 한 번쯤 병원에서 진찰을 받아 봐도 좋아요. 다수의 아동기 불안장애 때문에 아이들이 공부할 때 너무 쉽게 스트레스를 받고 힘들어 하다가 초등학교 고학년에서 중·고등학교 사이에 갑자기 공부를 하지 않겠다고 고집을 부리는 경우를 진료 현장에서 많이 보았기 때문이에요.

주의력결핍 과잉행동장애를 가진 경우에도 일정 시간 동안 공부하기 어렵고, 해도 집중이 잘되지 않아 제대로 기억하지 못할 수 있어요. 그렇기 때문에 원래 산만하던 아이가 초등학교 입학 후 몇 달이 지나도 적응하지 못한다면 병원에 들러 진찰을 받는 것이 좋습니다.

# 8

## ● 과도한 학원은 아이와 공부를 멀어지게 해요

공부는 길게 보면 아이들이 원하는 진로와 목표를 위해 꾸준히, 오랫동안 노력해 나가는 마치 마라톤과 같은 과정이에요. 일정하게 자신의 페이스를 유지하면서 골인 지점을 향해 달려가는 마라톤처럼 오랫동안 지루하고 때로는 스트레스를 받을 수 있는 일을 꾸준히 잘해 내기 위해서는 먼저 하루 일과가 알차게 배분되어야 한답니다.

아이가 아침에 눈을 떠서 밤에 잘 때까지의 하루 일과를 천천히 그려 보세요.

등교 준비를 넉넉하게 할 만큼 일찍 일어나고 있나요? 바쁜 아침 시간을 효율적으로 보내며 제 시간에 집을 나서나요? 학교에 갔다 온 후 공부, 운동, 휴식, 놀이, 취미 시간의 틀이 짜여 구분되어 있나요? 장기적인 목표로 학습의 계획이 서 있나요?

마라톤에서 애초에 세운 전략과 여기에 맞춘 페이스보다 빨리 달리면 짧은 구간 동안에는 선두권에 서겠지만 그게 오래 갈 수는 없겠지요. 오히려 쉽게 지치고 나아가 중도에 경기를 포기하는 일도 생길 겁니다.

학기 초, 방학 무렵에 생활의 틀을 정할 때에는 우리 아이가 요새 하루 생활에서 얼마나 공부하고, 얼마나 운동하고, 얼마나 쉬고, 얼마나 놀고, 얼마나 취미 생활을 하는지 전체 합을 구해 보세요. 그리고 아이의 나이에 비해 무리하게 하루 일과를 보내고 있지 않은지 한 번 생각해 보세요.

주중에 비해 주말에 일어나는 시간이 너무 늦거나, 아이가 피곤해 보이고 부모에게 작은 일에 짜증스럽게 대할 때 한 번쯤은 우리 아이가 너무 지쳐 있지 않은지 생각해 봐야 한답니다.

가끔 부모님들이 아이가 무리를 한 것 같아 다니던 학원을 모두 쉬게 하고 무작정 몇 달 놀게 하는 경우가 있는데, 이건 나중에 생각보다 후유증이 만만치 않습니다. 뭔가 새로 시작하고 배워야 할 때가

왔는데도, 계속 쉬겠다고 고집을 부리는 아이들이 의외로 많기 때문이에요.

아이가 너무 지쳐 있다면 언제까지 '휴식기'를 삼을 것인지, '휴식기'가 끝나면 무엇을 할 것인지에 대해 아이와 의논해서 정하고 나서 '휴식기'를 만들어 주세요. 사실, 제일 좋은 건 모든 일과를 내려놓는 '휴식기'를 만들기보다는 미리 아이가 힘들어 하는 걸 알아차리고 일과 중 아이가 제일 재미없어 하는 일 대신 아이가 재미있어 하는 활동으로 바꾸어 생활의 틀을 유지하는 거예요.

예를 들어 교과목 학원에서 숙제가 많아 애초에 정해 놓은 학습 시간을 넘겨 아이가 지친 경우에는 이를 방학 때로 옮기고 그 대신 숙제 부담이 적은 학원을 선택하는 거랍니다. 그리고 남는 시간이 있다면 아이가 재미있어 할 만한 다른 활동을 할 수 있도록 해 주세요.

# 9

   아이들을 잘 키우기 위해서는 원칙을 갖고 칭찬, 상과 지시, 꾸중, 벌을 일관되고 균형 있게 배분하는 것이 중요합니다. 공부라는 스트레스를 받고 자신이 하고 싶은 욕구를 참는 과정에서 지시적, 통제적, 부정적인 양육이 반복되면 아이들은 쉽게 자신감을 잃고 필요 이상으로 스트레스를 받기 쉬우니까요. 반대로 너무 계획 없이 무조건 허용적으로 아이를 대한다면 사소한 일에도 참지 못하고 쉽게 포기하거나 떼를 쓰기가 쉽지요.

   강화(reinforcement)라는 용어를 기억해 두세요. 강화란 어떤 행동을 한 후에 주는 자극에 따라 이후에 그 행동이 나타날 확률이 조절되는 현상을 가리키는 말입니다.


★ 긍정적인 강화

긍정적인 행동을 한 후 긍정적인 자극(예: 관심 보이기, 칭찬, 선물, 원하는 행동을 할 권리)을 주는 것입니다.

### ★ 부정적인 강화

긍정적인 행동을 한 후 부정적인 자극(예: 잔소리 줄이기, 과제가 많은 학원 줄이기)을 줄이는 것입니다.

### ★ 처벌

부정적인 행동을 한 후 부정적인 자극을 가하거나(예: 잔소리, 체벌), 긍정적인 자극을 줄이는 것(예: 컴퓨터 쓸 수 있는 시간 줄이기)이 모두 포함됩니다.

아이들의 행동을 조절하기 위해서는 아이의 행동에 맞게 다양한 방식으로 위에 열거한 방법들을 사용할 필요가 있어요. 교육학자들은 칭찬 20번에 꾸중 1번 정도의 비율로 구성이 되어야 아이들의 행동에 변화를 기대할 수 있다고 하는데, 이 점을 명심하시고 적절한 강화의 원칙을 만드시길 바랍니다.

가끔 아이들의 생활 습관을 만들어주기 위해 지시를 많이 하는 경우가 있어요. "아침에 늦게 일어나지 마라.", "밥 빨리 먹어라.", "책가방 미리 챙겨라.", "학교에서 오자마자 컴퓨터하지 마라.", "늦게 자지 마라." 등등 아이를 훈육하기 위해 이렇게 지시나 잔소리를 하다 보면 하루에도 아이에게 수백 가지 잔소리를 할 수 있지요.

아이들의 행동을 바르게 만들기 위해서는 우선 일상적인 작은 일을 잘해 낼 경우 그때마다 꾸준히 칭찬하는 것이 필요합니다. 아이들이 제대로 꾸준히 하는 일에 대해서는 당연한 것으로 여기고 별로 관심을 갖지 않는 경우가 흔한데, 이 경우 긍정적인 행동이 지속적으로 나타나지 않고 금방 사라지기 쉬워요.

또 잔소리나 비난이 계속될 경우, 아이들이 어른들의 말을 무시해서라기보다는 아직 그 행동에 대해 필요성을 제대로 인식하지 못하거나 행동 습관을 변화시킬 만한 구체적인 지침이 없기 때문으로 받아들여야 합니다.

아이의 행동을 바꾸겠다고 마음먹었다면 우선 아이의 문제점을 다 적어 보세요. 그다음, 한마디로 정리할 수 있는 큰 묶음으로 분류하고, 정리된 문제 묶음 중 지금 당장 아이에게 시급한 순서로 두 가지만 골라 문제에 대한 바른 행동을 짧고 분명하게, 긍정과 지시 문장으로 아이에게 전달해 주세요(예: "늦게 자지 마라."→ "밤 10시에 자라.").

적어도 3일(저학년의 경우)에서 1주일(고학년 이상의 경우) 단위로 지시한 두 가지 정도의 사항에 대한 상과 벌을 정하고, 나머지는 잔소리나 비난을 자제해 주세요. 일관되게 실천하면 자제했던 행동까지 같이 좋아지므로 꼭 이런 원칙으로 해 보세요.